ハングルのとびら

2

盧　載玉

朝日出版社

音声ダウンロード

音声再生アプリ「リスニング・トレーナー」（無料）

朝日出版社開発のアプリ、「リスニング・トレーナー（リストレ）」を使えば、教科書の
音声をスマホ、タブレットに簡単にダウンロードできます。どうぞご活用ください。

まずは「リストレ」アプリをダウンロード

≫ App Store はこちら　　　≫ Google Play はこちら

アプリ【リスニング・トレーナー】の使い方
① アプリを開き、「コンテンツを追加」をタップ
② QRコードをカメラで読み込む

③ QRコードが読み取れない場合は、画面上部に　55708　を入力し
「Done」をタップします

は じ め に

　本書『ハングルのとびら 2』は、著者の韓国語教育の経験に基づいて、できるだけ学習者の負担を少なくし、よりやさしい、そしてより楽しく学べる教材を目指して作られた『ハングルのとびら 1』の中級編です。初級レベルの韓国語の学習が済み、さらに韓国語の力を深め高めたいという学習者の意欲に応えるための教材と言えます。

　本書の特徴として、『ハングルのとびら 1』と同じく、文法パートと会話パートが分かれていることが挙げられます。文法のパートで文を組み立てる上で必要な基礎をしっかりと身につけたあと、会話のパートでは学習した文法に基づくさまざまな表現を練習します。会話の学習が十分できるように、いろいろなパターンの練習問題を取り入れていますので、独学で勉強する人も楽しく会話の練習ができるはずです。このように本書では、何よりも確実な文法の理解に支えられた表現力を育むことで、生きた言語能力の習得を目指します。

　文法パートと会話パートが分かれていますが、その他、書く、聞く、といった言語機能についても学習できるよう、読み物や作文の問題をたくさん取り入れています。柔軟な発想で自己表現できるよう工夫しましたので、積極的に活用してください。外国語でのコミュニケーションには、文法を理解し単語を駆使して表現する力が大事ですが、その他に言葉にあらわれない相手の気持ちや考え方を読み取り、積極的に自分から話をリードしていくスキルも重要と言えます。場面に応じてどのような質問をし、どのように自分の意見や気持ちを伝えるのか、テキストの問題を適宜生かしてたくさん練習してほしいと思います。韓国語に限らず語学が上達する一番のコツは「根気よく続ける」ことしかありません。そうすれば、韓国語でコミュニケーションが取れた！！！という喜びの瞬間が遠からずやってくるでしょう。

　サッカーワールドカップの共催をきっかけに始まった日韓友好ムードは、これまでに例をみない新しい社会現象をもたらしました。そして今や世界に広がる韓流ブームの中で韓国のことを身近に感じるだけでなく、国の壁を越えて韓国で活躍しようとする日本人の若者も多く見られます。

　文化交流の観点からすれば、この十数年の間に両国の間には本当にめまぐるしい変化が起きていて、やっと良き隣人としての相手を再認識する環境が整いつつあるとも言えます。これから日本と韓国がどのように向き合い、どのような相互関係を築いていくのか、大いに気になるところですが、何より大事なのは、互いに対する関心を持ち続けながら、より良く相手を理解するための努力を惜しまないことだと思います。その意味でみなさんが韓国語を学ぶということは、異文化としての韓国理解に向けての大事な一歩を踏み出したことになるでしょう。ここから始まる韓国語の学習をきっかけに、隣国、隣人への関心がどんどん広がり、さらに深まることを願ってやみません。

　最後に、このテキストの出版に当たり、ご協力くださった方々に心より感謝の意を表します。

著　者

もくじ

第 1 課　책을 많이 읽어서 눈이 아파요. 002

1 接続語尾〈1〉(「-아서 / 어서」、「-아도 / 어도」、「-아야 / 어야」)
2 接続語尾〈2〉(「-러 / 으러」、「-러고 / 으려고」)
◎ 会話

第 2 課　좋아하는 사람이 있습니다. 010

1 現在連体形
2 現在連体形を用いた表現 (「-것」、「-중」、「-것 같다」)
3 理由と原因を表す表現 (「-기 때문에」、「때문에」)
◎ 会話

第 3 課　다이어트를 시작할 거예요. 018

1 未来連体形
2 未来連体形を用いた表現Ⅰ (「-ㄹ / 을 생각」、「-ㄹ / 을 때」)
3 未来連体形を用いた表現Ⅱ
　(「-ㄹ / 을 거예요」、「-ㄹ / 을 것 같아요」、「-ㄹ / 을까요 ?」)
◎ 会話

第 4 課　언제 한국에 오셨어요? 026

1 尊敬形
2 特殊な尊敬語
3 丁寧な命令表現 (「-세요 / 으세요」)
4 丁寧な依頼表現 (「-아 / 어 주세요」)
◎ 会話

第 5 課　혼자 여행을 한 적이 없어요. 034

1 過去連体形
2 過去連体形を用いた表現
　(「-ㄴ / 은 후 / 뒤」、「-ㄴ / 은 지」、「-ㄴ / 은 것 같다」、「-ㄴ / 은 적이 있다 / 없다」)
3 終結語尾〈1〉(「-지요 / 죠」)
◎ 会話

第6課 　아직 한글을 잘 읽을 줄 몰라요. 042

1 接続語尾〈3〉（「-면 / 으면」、「-면서 / 으면서」）、「-니까 / 으니까」）
2 未来連体形を用いた表現Ⅲ
（「-ㄹ / 을 수 있다 / 없다」、「-ㄹ / 을 줄 알다 / 모르다」）
3 終結語尾〈2〉（「-잖아요」）
◎ 会話

第7課 　너무 걱정하지 마세요. 050

1 丁寧な禁止命令（「-지 마세요」）
2 終結語尾〈3〉（「-ㄹ / 을래요」）
3 接続語尾〈4〉（「-ㄹ / 을지도」、「-ㄹ / 을수록」、「-ㄴ 데 / 는데 / 은데」）
◎ 会話

単語集（韓国語 ― 日本語） 058
単語集（日本語 ― 韓国語） 074

装丁・イラスト — Mio Oguma

ハングルのとびら

2

第1課　책을 많이 읽어서 눈이 아파요.

✤ 基本文型

① 요즘 숙제가 많아서 힘들어요.

② 책을 많이 읽어서 눈이 아파요.

③ 여기에 앉아도 돼요?

④ 점심을 많이 먹어서 저녁은 안 먹어도 돼요.

⑤ 은행에 가서 돈을 찾아야 해요.

⑥ 여권 사진을 찍어야 해요.

⑦ 도서관에 책을 빌리러 가요.

⑧ 식당에 밥 먹으러 가요.

⑨ 내년에 한국으로 유학 가려고 해요.

⑩ 오늘은 비빔밥을 만들어서 먹으려고 해요.

學習内容

1. 接続語尾〈1〉　（〜して・〜くて・〜ので「-아서 / 어서」）
　　　　　　　　（〜しても・〜くても・〜でも「아도 / 어도」）
　　　　　　　　（〜ねばならない・〜べきだ「-아야 / 어야 하다」）
2. 接続語尾〈2〉　（〜に / しに、（し）〜ようと「-러 / 으러」）
　　　　　　　　（〜（し）ようと「-려고 / 으려고」）

2

1 接続語尾〈1〉(-아 / 어系)

1		
〜して、〜くて、 〜ので	語幹末母音 (ㅏ・ㅗ)	+ 아서
	語幹末母音 (ㅏ・ㅗ 以外)	+ 어서

　理由、動作の先行を表す接続語尾です。語幹末の母音が「ㅏ，ㅗ」(陽母音)であれば、「아서」を、「ㅏ，ㅗ」以外であれば(陰母音)「어서」をつけます。

注意：「아서 / 어서」には、過去を表す「았 / 었」はつけません。

좋다 (よい)	좋	+ 아서	→	좋아서	좋았어서 ×
적다 (少ない)	적	+ 어서	→	적어서	적었어서 ×
맵다 (辛い)	매 (+우)	+ 어서	→	매워서	매웠어서 ×

※하다用言の場合には여をつけます。

하다 (する)	하	+ 여서	→	하여서	→ 해서	했어서 ×

［理由・原因］

많이 먹다 / 배(가) 부르다 　　 → 　많이 먹어서 배(가) 불러요.

배(가) 고프다 / 밥을 먹었다 　 → 　배(가) 고파서 밥을 먹었어요.

피곤하다 / 집에 있었다 　　 → 　피곤해서 집에 있었어요.

［先行動作］

백화점에 가다 / 옷을 사다 　 → 　백화점에 가서 옷을 사요.

과자를 만들다 / 먹다 　　 → 　과자를 만들어서 먹었어요.

친구를 만나다 / 영화를 보다 　 → 　친구하고 만나서 영화를 보았어요.

※理由と前提動作のどちらを意味するかは、文の前後関係で決まります。

練習1 「아서 / 어서」をつけてみましょう。

1) 좋다（良い）　　　　　　2) 적다（少ない）

3) 켜다（点ける）　　　　　4) 마시다（飲む）

2	～しても、～くても、 ～でも	語幹末母音（ㅏ・ㅗ）　　　 + **아도** 語幹末母音（ㅏ・ㅗ 以外）+ **어도**

「아도 / 어도」の後に되다、괜찮다を用いて、「～てもよい / 構わない」という「許可」の意を表します。

가다（行く）　　가 + 아도　　가도 돼요.

먹다（食べる）　　먹 + 어도　　먹어도 괜찮아요?

＊하語幹의하다는　하 + 여도 → 하여도 → 해도

練習2 「～てもいいです / 構いません」の表現にしてみましょう。

1) 놀다（遊ぶ）　　　　　　2) 쉬다（休む）

3) 잡다（つかむ）　　　　　4) 전화하다（電話する）

3	～ねばならない、 ～べきだ	語幹末母音（ㅏ・ㅗ）　　　 + **아야 하다** 語幹末母音（ㅏ・ㅗ 以外）+ **어야 하다**

義務・当然を表します。「아야 / 어야」のつけ方は、「해요体」を作るときと同じです。

사다（買う）　사 + 아야　→　사야 합니다 / 해요.

입다（着る）　입 + 어야　→　입어야 합니다 / 해요.

＊하語幹の場合

생각하다（考える）　생각하 + 여야

　　→　생각하여야　→　생각해야 합니다 / 해요.

※하다の他に되다を使うこともできます。

가다（行く）　→　가야 됩니다 / 가야 돼요.

練習3 「-아야/어야 해요」の表現にしてみましょう。

1) 마당이 넓다 (庭が広い)　　　　2) 밖에 나가다 (外に出る／外出する)

3) 메일을 보내다 (メールを送る)　　4) 방을 청소하다 (部屋を掃除する)

2 接続語尾〈2〉(-아/어系)

1

～に、～しに	語幹 (パッチムがない) ＋ **러**
	語幹 (ㄹパッチム) ＋ **러**
	語幹 (パッチムがある) ＋ **으러**

「가다 (行く)、오다 (来る)、다니다 (通う)」など移動動詞を伴って動作の目的を表します。
語幹の終わりにパッチムがなければ「러」を、パッチムがあれば「으러」をつけます。
ただし、パッチムが「ㄹ」の場合 (ㄹ語幹) は、パッチムがない時の同じ「러」をつけます。

보다 (見る) → 보러 (見に)　　　놀다 (遊ぶ) → 놀러 (遊びに)

닦다 (洗う) → 닦으러 (洗いに)

練習4 「-러/으러」をつけてみましょう。

1) 배우다 (学ぶ)　　　　2) 먹다 (食べる)

3) 읽다 (読む)　　　　4) 상담하다 (相談する)

2

～(し)ようと	語幹 (パッチムがない) ＋ **려고**
	語幹 (ㄹパッチム) ＋ **려고**
	語幹 (パッチムがある) ＋ **으려고**

意図を表す接続語尾です。「-하다」(～する) や「-생각하다」(～と思う) がつづきます。
語幹にパッチムがあるかないかで作り方が変わります。

보다 (見る) → 보려고 (見ようと)　　살다 (住む) → 살려고 (住もうと)

입다 (着る) → 입으려고 (着ようと)

練習5 「-려고/으려고」をつけてみましょう。

1) 자다 (寝る)　　　　2) 놀다 (遊ぶ)

3) 찾다 (探す、調べる)　　4) 전화하다 (電話する)

総合練習 1 次の二つの文を、「-아서/어서」を用いて一つの文につなぎ、日本語に訳して
みましょう。（以下、1)～3)の文末は해요体現在形に、4)～5)は해요体過去形にす
ること）

1) 식당에 사람이 많다 / 자리가 없다

2) 밥을 많이 먹다 / 배가 부르다

3) 바람이 많이 불다 / 좀 춥다

4) 늦잠을 자다 / 지각하다

5) 오늘은 피곤하다 / 집에서 쉬다

総合練習 2 次の二つの文を、「-아도/어도」を用いて一つの文につなぎ、日本語に訳して
みましょう。（文末は해요体現在疑問形にすること）

1) 이 자리에 앉다 / 괜찮다

2) 창문을 열다 / 되다

3) 여기에서 놀다 / 괜찮다

4) 친구하고 같이 가다 / 되다

5) 지금 주문하다 / 되다

総合練習 3 「-아야/어야 하다」の表現に直し、日本語に訳してみましょう。（文末は해요体
にすること）

1) 책상 위에 놓다

2) 손을 자주 씻다

3) 친구를 만나다

4) 꼭 확인을 하다

5) 책을 많이 읽다

総合練習4 次の二つの文を、「-러/으러」を用いて一つの文につなぎ、日本語に訳してみ
ましょう。（文末は해요体過去形にすること）

1) 사진을 찍다 / 산에 가다

2) 친구를 만나다 / 나가다

3) 주사를 맞다 / 병원에 가다

4) 점심을 먹다 / 식당에 가다

5) 책을 빌리다 / 도서관에 가다

総合練習5 次の二つの文を、「-려고/으려고」を用いて一つの文につなぎ、日本語に訳して
みましょう。（文末は해요体過去形にすること）

1) 유학(을) 가다 / 열심히 공부하다

2) 책을 읽다 / 도서관에 가다

3) 케이크를 만들다 / 생크림을 사다

4) 손을 닦다 / 화장실에 가다

5) 옷을 사다 / 쇼핑센터에 가다

総合練習6 韓国語は日本語に、日本語は韓国語に訳してみましょう。

1) 여기서 버스를 타야 합니다.

2) 내일까지 이 책을 다 읽으려고 합니다.

3) 시험이 있어서 도서관에 공부하러 가야 해요.

4) 오늘(은) 바빠서 음식을 못 만들었어요.

5) 입에 안 맞아도 다 먹어야 돼요.

6) 週末は用事があるので会えません。

7) 明日は友達に会いに東京へ行きます。

8) ここでタバコを吸ってもいいですか。

9) 本を読もうとメガネをかけました。

10) 雨が降っても行かなければなりません。

♪ 3 **1** となりの人と会話してみましょう。

> 지민: 지금 어디 가요?
>
> 시호: 휴대폰 고치러 가요.
>
> 지민: 휴대폰이 고장났어요?
>
> 시호: 네, 갑자기 전화가 안 돼요.
> 이것 저것 해 봐도 안 돼서 고치러 가려고요.
>
> 지민: 휴대폰 고치고 집으로 바로 가요?
>
> 시호: 아뇨, 오후에 동아리 모임이 있어서
> 학교에 다시 와야 해요.
>
> 지민: 아, 그래요? 그럼 나중에 봐요.
>
> 시호: 네, 그래요. 나중에 봐요.

♪ 4 **2** 例にならって、となりの人と話してみましょう。

> 例) 가: 점심 먹었어요?　　나: (시간이 없었다) 시간이 없어서 못 먹었어요.

1) 가: 왜 눈이 피곤해요?　　　　　나: (책을 많이 읽다)

2) 가: 왜 수업에 늦었어요?　　　　나: (늦잠을 자다)

3) 가: 왜 병원에 갔어요?　　　　　나: (감기 걸리다)

4) 가: 왜 친구하고 이야기 안해요?　나: (싸우다)

5) 가: 왜 전화 못 했어요?　　　　　나: (전화 번호를 모르다)

3 例にならって、となりの人と話してみましょう。♪5

> 例) 가: 혼자 가야 해요?　나: (아뇨) 아뇨, 친구하고 같이 가도 돼요.

1) 가: 약을 먹어야 해요?　　　　　나: (네)

2) 가: 오늘 꼭 해야 해요?　　　　　나: (아뇨, 내일)

3) 가: 3번 버스를 타도 돼요?　　　나: (아뇨, 5번 버스를)

4) 가: 잠깐 여기서 이야기해도 돼요?　나: (네)

5) 가: 교실에서 담배를 피워도 돼요?　나: (아뇨, 담배는 휴게실에서)

4 例にならって、となりの人と話してみましょう。♪6

> 例) 가: 어디 가요?　　나: (구두를 사다)　구두를 사러 가요.

1) 가: 어디 가요?　　나: (커피 마시다)

2) 가: 어디 가요?　　나: (사진을 찍다)

3) 가: 어디 가요?　　나: (선생님을 만나다)

4) 가: 어디 가요?　　나: (밥을 먹다)

5) 가: 어디 가요?　　나: (감기약 사다)

5 例にならって、となりの人と話してみましょう。♪7

> 例) 가: 왜 한국말을 배워요?
> 　　나: (한국으로 유학가다) 한국으로 유학가려고 배워요.

1) 가: 왜 백화점에 갔어요?　　나: (동생 졸업 선물을 사다)

2) 가: 왜 병원에 가요?　　　　나: (주사를 맞다)

3) 가: 왜 창문을 열었어요?　　나: (방 청소를 하다)

4) 가: 왜 꽃을 샀어요?　　　　나: (여자 친구에게 주다)

5) 가: 이번 주말에 뭐 해요?　　나: (바자회에서 물건을 팔다)

좋아하는 사람이 있습니다.

♪8 ✦ 基本文型

① 좋아하는 사람이 있습니다.

② 제가 만든 케이크입니다.

③ 맛있는 음식이 많아요.

④ 오늘이 제일 바쁜 날이에요.

⑤ 성격이 아주 좋은 친구예요.

⑥ 저 학생이 일본 유학생인 유미 씨입니다.

⑦ 책 읽는 것을 좋아해요.

⑧ 아르바이트를 하는 중이에요.

⑨ 시간이 없기 때문에 못 가요.

⑩ 감기 때문에 머리가 아픈 것 같아요.

╭─ 学習内容 ─╮

1. 現在連体形
2. 現在連体形を用いた表現　（〜すること・〜するもの「-것」）
　　　　　　　　　　　　　　（〜しているところ、〜中、〜途中「-중」）
　　　　　　　　　　　　　　（〜しているようだ・〜するようだ「-것 같다」）
3. 理由と原因を表す表現　（〜するから・〜ので・〜だから・〜なので「-기 때문에」）
　　　　　　　　　　　　（〜のために・〜のせいで「때문에」）

【連体形】「面白い人」「綺麗な花」のように用言（動詞や形容詞など）が体言（名詞）を修飾する形を連体形といいます。韓国語の連体形は、現在、過去、未来と時制によって作り方が異なります。この課ではまず、現在連体形を学びます。

1 現在連体形

◆動詞・存在詞：는

～する～ ～している～	語幹（パッチムがない）　　　　　 ＋ 는
	語幹（ㄹパッチム）⇒（ㄹ脱落）＋ 는
	語幹（パッチムがある）　　　　　 ＋ 는

語幹（原形から「다」を取り除いた部分）に「는」をつけます。
ただし、パッチムが「ㄹ」の場合（ㄹ語幹）は、「ㄹ」を取って、「는」をつけます。

공부하다 (勉強する) 공부하 ＋ 는 → 공부하는 사람

놀다 (遊ぶ)　　　　 노 　　 ＋ 는 → 노는 아이

먹다 (食べる)　　　 먹 　　 ＋ 는 → 먹는 과일

재미있다 (面白い)　 재미있 ＋ 는 → 재미있는 게임

◆形容詞：ㄴ / 은

～い～ ～な～	語幹（パッチムがない）　　　　　 ＋ ㄴ
	語幹（ㄹパッチム）⇒（ㄹ脱落）＋ ㄴ
	語幹（パッチムがある）　　　　　 ＋ 은

語幹にパッチムがあるかないかで作り方が変わります。
語幹の終わりにパッチムがなければ「ㄴ」を、パッチムがあれば「은」をつけます。
ただし、パッチムが「ㄹ」の場合（ㄹ語幹）は、「ㄹ」を取って、「ㄴ」をつけます。

예쁘다 (綺麗だ)　 예쁘 ＋ ㄴ → 예쁜 옷

길다 (長い)　　　 기 　＋ ㄴ → 긴 머리

넓다 (広い)　　　 넓 　＋ 은 → 넓은 방

◆指定詞：ㄴ

～である	語幹 ＋ ㄴ

이다 (～である)　　이　 ＋ ㄴ　 → 전문가인 사람

아니다 (～でない)　아니 ＋ ㄴ　 → 학생이 아닌 사람

 次の用言を現在連体形に直してみましょう。

1) 만나다 (会う) / 사람 (人)　　　　2) 좋다 (良い) / 친구 (友達)

3) 바쁘다 (忙しい) / 시간 (時間)　　4) 살다 (住む) / 집 (家)

2 現在連体形を用いた表現

1

～すること、～するもの	現在連体形 ＋ 것

行動・動作・特徴の対象となるものを表します。

맛있다 (美味しい)　맛있는 ＋ 것　 → 맛있는 것

싸다 (安い)　　　　싼　 ＋ 것　 → 싼 것

팔다 (売る)　　　　파는 ＋ 것　 → 파는 것

2

～しているところ、～中、～途中	現在連体形 ＋ 중

進行動作中であることを表します。

일하다 (働く)　　일하는 ＋ 중　 → 일하는 중

만들다 (作る)　　만드는 ＋ 중　 → 만드는 중

읽다 (読む)　　　읽는　 ＋ 중　 → 읽는 중

3

～しているようだ、～するようだ	現在連体形 ＋ 것 같다

推測・予測を表します。

맛없다 (おいしくない)　맛없는 ＋ 것 같다　 → 맛없는 것 같아요.

운동하다 (運動する)　운동하는 ＋ 것 같다 → 운동하는 것 같아요.

멀다 (遠い)　　　　먼　　　＋ 것 같다 → 먼 것 같아요.

練習2 次の用言を現在連体形に直し、日本語に訳してみましょう。

1) 좋아하다 / 것　　　　　→

2) 전화(를) 걸다 / 중　　　→

3) 못 먹다 / 것 같아요　　 →

4) 사람이 많다 / 것 같아요　→

理由と原因を表す表現

1

～するから、～ので、 ～だから、～なので	用言語幹 ＋ 기 때문에

事実に対する原因や理由を述べるときに使用します。

많다 (多い)　　　　→　많기 때문에

오다 (来る)　　　　→　오기 때문에

※〔過去〕用言の語幹 ＋ 았 /었기 때문에

수업이 없었기 때문에 (授業がなかったので)

2

～のために、～のせいで	体言 ＋ 때문에

스트레스 (ストレス) ＋ 때문에

태풍 (台風)　　　 ＋ 때문에

練習3 （　）内の意味になるように「-기 때문에, -때문에」を付けてみましょう。

1) 춥다 (寒いので)　　　　　2) 리포트 (レポートのために)

3) 저 (私のせいで)　　　　　4) 사랑하다 (愛しているから)

2
課

総合練習 1 現在連体形を用いて一つの文に直し、日本語に訳してみましょう。（文末は**해요体**にすること）

1) 재미있다 / 사람이다

2) 쉬다 / 시간이다

3) 팔다 / 물건이다

4) 비싸다 / 가게다

5) 멀다 / 곳이다

総合練習 2 現在連体形を用いた表現「〜のようです」の文に直し、日本語に訳してみましょう。

1) 식당에 손님이 많다

2) 오늘은 따뜻하다

3) 지금 밖에 비가 오다

4) 저 분은 일본 사람이다

5) 두부로 만들다

総合練習 3 （ ）の中の用言を現在連体形に直し、文を完成させ、日本語に訳してみましょう。

1) 혼자서 밥을 (먹다) 것을 싫어합니다.

2) 좀 더 (싸다) 것을 사려고 해요.

3) 아이들이 (놀다) 것 같습니다.

4) 방이 좀 (작다) 것 같아요.

5) K-pop 을 (듣고 있다) 중이에요.

総合練習4 日本語に訳してみましょう。

1) 요즘 인기가 있는 아이돌 가수예요.

2) 친구하고 전화하는 중이에요.

3) 지하철이 조금 더 빠른 것 같습니다.

4) 노래(를) 잘 부르는 사람이 너무 부러워요.

5) 저는 쇼핑하는 것을 좋아해요.

6) 비 때문에 피해가 많아요.

7) 매운 것은 잘 못 먹어요.

8) 맛이 없기 때문에 안 팔려요.

9) 방에서 숙제하고 있는 것 같아요.

10) 춥기 때문에 옷을 많이 입어야 돼요.

総合練習5 韓国語に訳してみましょう。

1) 最近私がよく聴いている K-pop です。

2) 母が作る料理はみんな美味しいです。

3) 先輩と電話で話をしているところです。

4) 家から駅まで遠いようです。

5) 今見ているドラマは面白いですか。

6) 料理するのが趣味です。

7) 部屋で寝ているようです。

8) 本を読んでいるところです。

9) 試合は雨のため延期になりました。

10) 試験があるので勉強しなければなりません。

会 話 😊💬

♪9 **1** となりの人と会話してみましょう。

성수: 지금 뭐 해요?
좀 피곤해 보이는 것 같아요.

지나: 어제 숙제 때문에 잠을 별로 못 잤어요.
그래서 좀 쉬고 있는 중이에요.

성수: 주말에 시간 있어요? 같이 영화 보러 가요.

지나: 집에 친구가 오기 때문에 집에 있어야 돼요.
미안해요.

성수: 아니에요, 괜찮아요. 그럼 다음에 가요.
친구하고 좋은 주말 보내세요.

지나: 네, 성수 씨도 즐거운 주말 되세요.

♪10 **2** 例にならってとなりの人と話してみましょう。

例) (잘하다/ 운동/ 야구) 가: 잘하는 운동이 뭐예요? 나: 야구예요.

1) (좋아하다/ 과일/ 사과)　　가:　　　　　　　　나:

2) (지금 읽다/ 책/ 소설)　　가:　　　　　　　　나:

3) (먹고 싶다/ 음식/ 스시)　　가:　　　　　　　　나:

4) (매일 듣다/ 노래/ K-pop)　가:　　　　　　　　나:

5) (지금 만들다/ 요리/ 잡채)　가:　　　　　　　　나:

3 例にならってとなりの人と話してみましょう。♪11

> 例) 가 : 값이 비싸요?　　　나 : (아뇨) 아뇨, 싼 것 같아요.

1) 가 : 도서관에 사람 많아요?　　　나 : (네)

2) 가 : 오늘 숙제 있어요?　　　나 : (아뇨)

3) 가 : 지금 수업 중이에요?　　　나 : (네)

4) 가 : 지금 밖에 비 와요?　　　나 : (아뇨)

5) 가 : 한국어 재미있어요?　　　나 : (네)

4 例にならってとなりの人と話してみましょう。♪12

> 例) 가 : 여행 안 가요 ?　　　나 : (요즘 바쁘다) 요즘 바쁘기 때문에 못 가요.

1) 가 : 왜 안 자요?　　　나 : (리포트를 써야 하다)

2) 가 : 왜 안 먹어요?　　　나 : (너무 짜다)

3) 가 : 병원에 왜 가요?　　　나 : (배가 아프다)

4) 가 : 왜 겨울을 싫어해요?　　　나 : (춥다)

5) 가 : 왜 지각했어요?　　　나 : (늦잠 자다)

5 となりの人に質問してみましょう。♪13

1) 지금 먹고 싶은 게 (것이) 있어요?

2) 제일 싫어하는 게 뭐예요?

3) 여행 가고 싶은 나라가 어디예요?

4) 한국어 어려운 것 같아요?

5) 제일 잘 만드는 요리가 뭐예요?

다이어트를 시작할 거예요.

♪14 🔹 基本文型

① 내일은 바빠서 만날 시간이 없어요.

② 오늘 저녁에 먹을 반찬이에요.

③ 책상 위에 놓을 생각이에요.

④ 여행을 갈 때 충전기는 꼭 가지고 갑니다.

⑤ 시간이 있을 때 전화해요.

⑥ 내일부터 다이어트를 시작할 거예요.

⑦ 매일 1시간 걸을 거예요.

⑧ 곧 비가 올 것 같습니다.

⑨ 이번 주말은 날씨가 좋을 것 같아요.

⑩ 어디에서 만날까요?

学習内容

1. 未来連体形

2. 未来連体形を用いた表現 I
　　　（～するつもり・～する予定「-ㄹ/을 생각」）（～するとき「-ㄹ/을 때」）

3. 未来連体形を用いた表現 II （～するつもりです、～でしょう、～はずです「-ㄹ/을 거예요」）
　　　（～しそうです、～ようです、～と思います「-ㄹ/을 것 같아요」）
　　　（～しましょう、～でしょうか「-ㄹ/을까요?」）

1 未来連体形

◆全ての品詞：ㄹ / 을

～する～	語幹（パッチムがない）	＋ ㄹ
	語幹（ㄹパッチム）⇒（ㄹ脱落）＋ ㄹ	
	語幹（パッチムがある）	＋ 을

오다 (来る)　　　오　＋ ㄹ　→　내일 올 사람

만들다 (作る)　 만드 ＋ ㄹ　→　오늘 만들 요리

좋다 (良い)　　　좋　＋ 을　→　가도 좋을 시간

練習1　次の用言を未来連体形に直してみましょう。※ㅂ変則用言に注意

1) 가다 (行く)　　　　　　　2) 팔다 (売る)

3) 씻다 (洗う)　　　　　　　4) 춥다 (寒い)

2 未来連体形を用いた表現 I

1		
～するつもり、～する予定	動詞の語幹 ＋	**ㄹ / 을 생각**

가다 (行く)　　　가 ＋ ㄹ　→　유학 갈 생각

읽다 (読む)　　　읽 ＋ 을　→　주말에 읽을 생각

놀다 (遊ぶ)　　　놀 ＋ ㄹ　→　공원에서 놀 생각

練習2　「～するつもりです」の表現に直してみましょう。

1) 여행하다 (旅行する)　　　2) 찍다 (撮る)

3) 열다 (開ける)　　　　　　4) 쉬다 (休む)

2 ～するとき	ㄹ / 을 ＋ 때

자다 (寝る)　　자 ＋ ㄹ 때　→　밤에 잘 때

열다 (開ける)　　열 ＋ ㄹ 때　→　창문을 열 때

먹다 (食べる)　　먹 ＋ 을 때　→　밥 먹을 때

練習3　「～するとき」の表現に直してみましょう。

1)　머리가 아프다 (頭が痛い)　　　　2)　시간(이) 있다 (時間がある)

3)　수업을 듣다 (授業を受ける)　　　4)　전화하다 (電話する)

3 未来連体形を用いた表現 Ⅱ

1 ～するつもりです ～でしょう、～はずです	語幹 (パッチムがない) ＋ ㄹ 거예요 語幹 (ㄹパッチム)　　　 ＋ ㄹ 거예요 語幹 (パッチムがある) ＋ 을 거예요

意志・予定・計画・約束・推量を表します。「-거예요」は「-것이에요」の縮約形。
합니다体「-것입니다」→「-겁니다」と縮約されます。

가다 (行く)　　가 ＋ ㄹ　→　갈 거예요

팔다 (売る)　　파 ＋ ㄹ　→　팔 거예요

늦다 (遅れる)　　늦 ＋ 을　→　늦을 거예요

(1) 主語が1人称の場合：話し手の意志、計画、約束などを表します。

(저는) 이번 방학에는 꼭 여행(을) 갈 거예요. (今度の休みには必ず旅行に行くつもりです)

(저는) 그 약속은 반드시 지킬 거예요. (その約束は必ず守るつもりです)

(2) 主語が2人称の疑問形：聞き手の意志をたずねます。

그 아파트에서 살 거예요? (そのアパートで住むつもりですか)

뭘 먹을 거예요? (何を食べるつもりですか)

(3) 主語が3人称の場合：推量の意を表します。

미호 씨는 아마 늦을 거예요. (ミホさんは多分遅れるはずです)

그 사람은 아마 학생일 거예요. (その人は多分留学生でしょう)

練習4 「-ㄹ/을 거예요」をつけてみましょう。

1) 맛있다 (美味しい)　　　　　2) 놀다 (遊ぶ)

3) 괜찮다 (大丈夫だ)　　　　　4) 춥다 (寒い)

2 ～しそうです、 ～ようです、 ～と思います	語幹 (パッチムがない) ＋ ㄹ 것 같아요
	語幹 (ㄹパッチム) ＋ ㄹ 것 같아요
	語幹 (パッチムがある) ＋ 을 것 같아요

判断や推測、話し手の意見を控えめに伝える意を表します。

바쁘다 (忙しい)　바쁘　＋ ㄹ　→　바쁠 것 같아요

멀다 (遠い)　　　멀　＋ ㄹ　→　멀 것 같아요

늦다 (遅れる)　　늦　＋ 을　→　늦을 것 같아요

練習5 「-ㄹ/을 것 같아요」をつけてみましょう。

1) 노력하다 (努力する)　　　　2) 사다 (買う)

3) 웃다 (笑う)　　　　　　　4) 달다 (甘い)

3 ～しましょう、 ～でしょうか	語幹 (パッチムがない) ＋ ㄹ까요？
	語幹 (ㄹパッチム) ⇒ (ㄹ脱落) ＋ ㄹ까요？
	語幹 (パッチムがある) ＋ 을까요？

聞き手の意向および話し手の疑問や推測の意を表します。

모이다 (集まる)　모이　＋ ㄹ까요　→　모일까요?

만들다 (作る)　　만들　＋ ㄹ까요　→　만들까요?

읽다 (読む)　　　읽　＋ 을까요　→　읽을까요?

推量表現：①主語が1人称：聞き手の意向をたずねる表現「～ますか、ましょうか」
　　　　　②主語が2・3人称、話し手の疑問や推測の意を表す「～でしょうか」

練習6 「-ㄹ/을까요？」をつけてみましょう。

1) 쉬다 (休む)　　　　　　　2) 찾다 (探す)

3) 듣다 (聞く)　　　　　　　4) 끄다 (消す)

総合練習

総合練習 1 未来連体形を用いて一つの文に直し、日本語に訳してみましょう。

1) 사람이 많다 / 시간이에요.

2) 친구에게 선물하다 / 책을 고르고 있어요.

3) 오늘 점심에 먹다 / 도시락이에요.

4) 비빔밥을 만들다 / 재료예요.

5) 가족 사진을 찍다 / 생각이에요.

総合練習 2 未来連体形を用いた表現「-ㄹ/을 거예요」（～するつもりです、～するはずです）の文に直し、日本語に訳してみましょう。

1) 이 종이에 꽃을 그리다

2) 야마다 씨는 지금 게임센터에 있다

3) 점심에는 한국 음식을 먹다

4) 운전면허를 따다

5) 차로 2시간 정도 걸리다

総合練習 3 未来連体形を用いた表現「-ㄹ/을 것 같아요」（～しそうです、～ようです）の文に直し、日本語に訳してみましょう。

1) 시간이 조금 필요하다

2) 내일은 비가 오다

3) 슈퍼마켓에 사람이 많다

4) 비용이 많이 들다

5) 음식이 맵다

総合練習 4 未来連体形を用いた表現「-ㄹ/을까요?」（〜しましょう、〜でしょうか）の
文に直し、日本語に訳してみましょう。

1) 여기에서 손을 씻다

2) 이 옷은 집에서 빨다

3) 내일 도서관 앞에서 만나다

4) 제가 공항으로 마중가다

5) 역까지 같이 걷다

総合練習 5 韓国語は日本語に、日本語は韓国語に訳してみましょう。

1) 수업이 없을 때는 도서관에서 숙제를 합니다.

2) 이 옷 비쌀 것 같아요?

3) 늦잠자서 지각했을 거예요.

4) 미호 씨는 아마 안 올 거예요.

5) 매일 1 시간 정도 걸을 생각이에요.

6) 多分今日は行かないでしょう。

7) 明日までにこの本を全部読むつもりです。

8) 目が悪いので本を読むときは眼鏡をかけます。

9) 会話の練習をしましょうか。

10) 次に(今度)会ったときに話すつもりです。

♪15 **1** となりの人と会話してみましょう。

> **민수:** 이번 주말에 뭐할 거예요?
>
> **시호:** 토요일에 모임이 있을 거 같아요.
>
> **민수:** 일요일에도 어디 가요?
>
> **시호:** 일요일은 엄마하고 쇼핑갈 생각이에요.
>
> **민수:** 다음에 시간 날 때 한번 만나요.
>
> **시호:** 아, 그럼 다음 주말에 볼까요?
>
> **민수:** 좋아요. 만나서 같이 점심 먹어요.
>
> **시호:** 네, 그럼 다음 주에 연락 주세요.
>
> **민수:** 네, 그래요.

♪16 **2** 例にならって、となりの人と話してみましょう。

例) 가: 오후에 뭐 할 거예요?　　나: (도서관에 가다)도서관에 갈 생각이에요.

1) 가: 이번 방학에 뭐 할 생각이에요?　　나: (여행하다)

2) 가: 이 역에서 내릴 거예요?　　나: (다음 역)

3) 가: 뭐 만들 생각이에요?　　나: (케이크)

4) 가: 오늘은 뭘 먹을 거에요?　　나: (스파게티)

5) 가: 돈을 얼마 찾을 생각이에요?　　나: (만원)

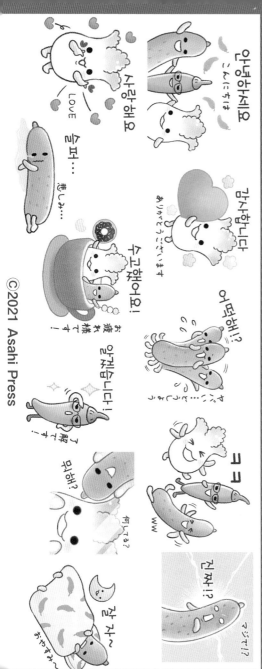

3 例にならって、となりの人と話してみましょう。♪ 17

例) 가: 이건 무슨 약이에요?　　　　나: (머리 아프다) 머리 아플 때 먹는 약이에요.

1) 가: 이 도구는 언제 쓰는 거예요?　　나: (청소하다)

2) 가: 이 간장은 언제 필요해요?　　　나: (잡채 만들다)

3) 가: 뉴스는 언제 봐요?　　　　　　나: (저녁 먹다)

4) 가: 언제 갈 거예요?　　　　　　　나: (내일 오후)

5) 가: 이 모자는 언제 써요?　　　　　나: (비가 오다)

4 例にならって、となりの人と話してみましょう。♪ 18

例) 가: 이 영화 재미있을까요?　　　　나: 재미있을 것 같아요.

1) 가: 저녁에 비가 올까요?　　　　　나: (오다)

2) 가: 시간 괜찮을까요?　　　　　　나: (괜찮다)

3) 가: 수업 끝났을까요?　　　　　　나: (아직 안 끝나다)

4) 가: 다음 주에 시험이 있을까요?　　나: (없다)

5) 가: 내일도 더울까요?　　　　　　나: (덥다)

5 となりの人に質問してみましょう。♪ 19

1) 오늘 점심은 어디에서 먹을 거예요?

2) 이번 주말에 뭐 할 생각이에요?

3) 심심할 때 뭐해요?

4) 내일 추울 것 같아요?

5) 우리 맛있는 거 먹으러 갈까요?

언제 한국에 오셨어요?

♪20 ✦ 基本文型

1. 이 분이 김 선생님이십니다.

2. 매일 신문을 읽으십니까?

3. 언제 한국에 오셨어요?

4. 할머니께서는 연세가 많으세요.

5. 지금 어디에 계세요?

6. 선생님께서 말씀하셨습니다.

7. 할아버지께 선물을 보내드렸습니다.

8. 먼저 숙제부터 하세요.

9. 손을 깨끗이 씻으세요.

10. 이것 좀 가르쳐 주세요.

◖ 学習内容 ◗

1. 尊敬形
2. 特殊な尊敬語
3. 丁寧な命令表現（～してください・お～ください「-세요 / 으세요」）
4. 丁寧な依頼表現（～てください、～してもらえませんか「-아 / 어 주세요」）

【尊敬語】韓国では身内の人（両親、会社の上司など）のことを他人に話す際も敬語を使います（絶対尊敬）。

1 尊敬形

◆「합니다体」現在：-시 / 으시 + ㅂ니다 / ㅂ니까 ?

～なさいます、 ～されます	語幹（パッチムがない）	+ 십니다
	語幹（ㄹパッチム） ⇒ （ㄹ脱落）	+ 십니다
	語幹（パッチムがある）	+ 으십니다

尊敬の接尾辞「-시 / 으시」（れる・られる）に「ㅂ니다 / ㅂ니까 ?」が付いた形です。

오다 (来る)　　오　 + 　시 + ㅂ니다　→　오십니다 / 오십니까 ?

만들다 (作る)　만드 + 　시 + ㅂ니다　→　만드십니다 / 만드십니까 ?

찍다 (撮る)　　찍　 + 으시 + ㅂ니다　→　찍으십니다 / 찍으십니까 ?

◆「합니다体」過去：-시 / 으시 + 었습니다 / 었습니까 ?

～なさいます、 ～されます	語幹（パッチムがない）	+ 셨습니다
	語幹（ㄹパッチム） ⇒ （ㄹ脱落）	+ 셨습니다
	語幹（パッチムがある）	+ 으셨습니다

尊敬の接尾辞「-시 / 으시」（れる・られる）に「었습니다 / 었습니까 ?」が付いた形です。

오다 (来る)　　오　 + 　시 + 었습니다　→　오셨습니다 / 오셨습니까 ?

만들다 (作る)　만드 + 　시 + 었습니다　→　만드셨습니다 / 만드셨습니까 ?

찍다 (撮る)　　찍　 + 으시 + 었습니다　→　찍으셨습니다 / 찍으셨습니까 ?

※ㄷ変則用言、ㅂ変則用言は、以下のようになります。

*걷다 (歩く)　（ㄷ → ㄹ）　→　걸으십니다 / 걸으셨습니다

*맵다 (辛い)　（ㅂ → 우）　→　매우십니까 ?/ 매우셨습니까 ?

練習 1　次の単語を尊敬形の「합니다体」の現在形と過去形に直してみましょう。

1) 가다 (行く) ＿＿＿＿＿＿ / ＿＿＿＿＿　　2) 살다 (住む) ＿＿＿＿＿＿ / ＿＿＿＿＿

3) 있다 (ある) ＿＿＿＿＿＿ / ＿＿＿＿＿　　4) 듣다 (聞く) ＿＿＿＿＿＿ / ＿＿＿＿＿

◆「해요체」現在：-시 / 으시 + 어요 → 셔요 / 으셔요 → 세요 / 으세요 (?)

～なさいます、 ～されます	語幹（パッチムがない）　　　　 + **세요**
	語幹（ㄹパッチム）⇒（ㄹ脱落）+ **세요**
	語幹（パッチムがある）　　　　 + **으세요**

尊敬の接尾辞「-시 / 으시」に「어요 / 어요?」が付いた形です。

오다 (来る)　　오　 + 시 + 어요　→　오셔요　　→　오세요

만들다 (作る) 만드　 + 시 + 어요　→　만드셔요　→　만드세요

찍다 (撮る)　　찍　 + 으시 + 어요　→　찍으셔요　→　찍으세요

◆「해요체」過去：-시 / 으시 + 었어요 (?)

～なさいました、 ～されました	語幹（パッチムがない）　　　　 + **셨어요**
	語幹（ㄹパッチム）⇒（ㄹ脱落）+ **셨어요**
	語幹（パッチムがある）　　　　 + **으셨어요**

尊敬の接尾辞「-시 / 으시」に「었어요 / 었어요?」が付いた形です。

오다 (来る)　　오　 + 시 + 었어요　→　오셨어요?

만들다 (作る) 만드　 + 시 + 었어요　→　만드셨어요?

찍다 (撮る)　　찍　 + 으시 + 었어요　→　찍으셨어요?

※ㄷ変則用言、ㅂ変則用言は、以下のようになります。

＊걷다 (歩く)　(ㄷ → ㄹ)　→　걸으세요 / 걸으셨어요?

＊맵다 (辛い)　(ㅂ → 우)　→　매우세요 / 매우셨어요?

練習2　次の単語を尊敬形の「해요体」の現在形と過去形に直してみましょう。

1)　사다 (買う) ＿＿＿＿／＿＿＿＿　　　2)　열다 (開ける) ＿＿＿＿／＿＿＿＿

3)　찾다 (探す) ＿＿＿＿／＿＿＿＿　　　4)　걷다 (歩く) ＿＿＿＿／＿＿＿＿

2 特殊な尊敬語

日本語では「食べる」を「召し上がる」というように、韓国語にも違った形で尊敬語を表す特殊な言葉があります。

［名詞］

| 이름 (名前) → **성함** | 사람 (人) → **분** | 나이 (年齢) → **연세** |
| 집 (家) → **댁** | 말 (言葉) → **말씀** | 님 (～様)　依存名詞 |

※（名前・年齢）어떻게 되십니까?/되세요?（名前と年齢を丁寧にたずねる一般的な言い方）

［用言］

있다 (いる) → 계시다	먹다 (食べる) → 잡수시다 / 드시다
자다 (寝る) → 주무시다	마시다 (飲む) → 드시다

［助詞］

가 / 이 (~が) → 께서	는 / 은 (~は) → 께서는	에게 (~に) → 께

・어머니가 → 어머니께서　　・아버지는 → 아버지께서는　　・선생님에게 → 선생님께

③ 丁寧な命令表現

～してください、 お～ください	語幹（パッチムがない）　　　　＋ **세요** 語幹（ㄹパッチム）⇒（ㄹ脱落）＋ **세요** 語幹（パッチムがある）　　　　＋ **으세요**

用言の語幹に「세요 / 으세요」が付いた形です。

보다 (見る)	보 ＋ 세요	→ 보세요
팔다 (売る)	파 ＋ 세요	→ 파세요
찾다 (探す)	찾 ＋ 으세요	→ 찾으세요

※［肯定］사세요. ↘　（買われます、お買いになります）
　［疑問］사세요? ↗　（買われますか、お買いになりますか）
　［命令］사세요. →　（買いなさい、お買いください）

練習3　丁寧な命令表現に直してみましょう。

1) 가다 (行く) ＿＿＿＿＿＿＿＿＿　　2) 앉다 (座る) ＿＿＿＿＿＿＿＿＿

3) 쓰다 (書く) ＿＿＿＿＿＿＿＿＿　　4) 열다 (開ける) ＿＿＿＿＿＿＿＿＿

④ 丁寧な依頼表現

～てください、 ～してもらえませんか	語幹末母音（ㅏ・ㅗ）　　　　＋ **아 주세요** 語幹末母音（ㅏ・ㅗ 以外）＋ **어 주세요**

動詞の語幹に「아 / 어 주세요」が付いた形です。※하語幹は「해」となります。

놓다 (置く)	놓 ＋ 아 주세요	→ 놓아 주세요
만들다 (作る)	만들 ＋ 어 주세요	→ 만들어 주세요
하다 (する)		→ 해 주세요

練習4　丁寧な依頼表現に直してみましょう。

1) 읽다 (読む) ＿＿＿＿＿＿＿＿＿　　2) 사다 (買う) ＿＿＿＿＿＿＿＿＿

3) 말하다 (言う) ＿＿＿＿＿＿＿＿＿　　4) 모으다 (集める) ＿＿＿＿＿＿＿＿＿

総合練習 1 尊敬形の「**합니다体**」現在平叙文と過去疑問文に直し、日本語に訳してみましょう。

1) 매일 운동을 하다 ＿＿＿＿＿＿＿＿＿＿ / ＿＿＿＿＿＿＿＿＿＿ ?

2) 메일을 읽다 ＿＿＿＿＿＿＿＿＿＿ / ＿＿＿＿＿＿＿＿＿＿ ?

3) 시골에 살다 ＿＿＿＿＿＿＿＿＿＿ / ＿＿＿＿＿＿＿＿＿＿ ?

4) 학교까지 걷다 ＿＿＿＿＿＿＿＿＿＿ / ＿＿＿＿＿＿＿＿＿＿ ?

5) 점심을 먹다 ＿＿＿＿＿＿＿＿＿＿ / ＿＿＿＿＿＿＿＿＿＿ ?

総合練習 2 尊敬形の「**해요体**」現在平叙文と過去疑問文に直し、日本語に訳してみましょう。

1) 노래를 부르다 ＿＿＿＿＿＿＿＿＿＿ / ＿＿＿＿＿＿＿＿＿＿ ?

2) 옷을 입다 ＿＿＿＿＿＿＿＿＿＿ / ＿＿＿＿＿＿＿＿＿＿ ?

3) 케이크(를) 만들다 ＿＿＿＿＿＿＿＿＿＿ / ＿＿＿＿＿＿＿＿＿＿ ?

4) 음악을 듣다 ＿＿＿＿＿＿＿＿＿＿ / ＿＿＿＿＿＿＿＿＿＿ ?

5) 메일을 보내다 ＿＿＿＿＿＿＿＿＿＿ / ＿＿＿＿＿＿＿＿＿＿ ?

総合練習 3 次の文を（　）内の日本語に合った丁寧な命令の表現にしてみましょう。

1) 내일 연락하다 （明日連絡ください / しなさい）＿＿＿＿＿＿＿＿＿＿

2) 손을 잘 씻다 （手をよく洗ってください / 洗いなさい）＿＿＿＿＿＿＿

3) 이쪽으로 오다 （こちらに来てください / 来なさい）＿＿＿＿＿＿＿＿

4) 가방에 넣다 （カバンに入れてください / 入れなさい）＿＿＿＿＿＿＿

5) 빨리 만들다 （早く作ってください / 作りなさい）＿＿＿＿＿＿＿＿

総合練習4 次の文を（　　）内の日本語に合った丁寧な依頼の表現にしてみましょう。

1)　조금 깎다　　　　　　　（少し安くしてください）＿＿＿＿＿＿＿＿＿＿＿＿＿＿＿＿

2)　창문을 열다　　　　　　（窓を開けてください）＿＿＿＿＿＿＿＿＿＿＿＿＿＿＿＿＿

3)　한글을 가르치다　　　　（ハングルを教えてください）＿＿＿＿＿＿＿＿＿＿＿＿＿

4)　점심 사 주다　　　　　（お昼、おごってください）＿＿＿＿＿＿＿＿＿＿＿＿＿＿

5)　한국 음식(을) 만들다 （韓国料理を作ってください）＿＿＿＿＿＿＿＿＿＿＿＿

総合練習5　日本語に訳してみましょう。

1)　이 사진 보셨어요?

2)　어디 가세요?

3)　할머니께서는 시골에 사십니다 / 살고 계십니다.

4)　할아버지께서는 고기를 안 드십니다.

5)　저 분 아세요?

総合練習6　韓国語に訳してみましょう。

1)　約束は必ず守ってください。

2)　昨日の新聞は読まれましたか。

3)　これを召し上がってください。

4)　この椅子にお座りください。

5)　ここにお名前をお書きください。

♪21 **1** となりの人と会話してみましょう。

지민: 일본 분이세요?

시호: 네, 일본 사람이에요.

지민: 언제부터 한국어를 배우셨어요?

시호: 초등학생 때부터 케이팝을 듣고 공부했어요.

지민: 한국 아이돌을 좋아하세요?

시호: 네, 너무 좋아해서 콘서트에도 가요.

지민: 드라마도 많이 보세요?

시호: 한국 드라마는 어머니께서 더 좋아하셔서
매일 보고 계세요.

♪22 **2** 例にならって、となりの人と話してみましょう。

| 例) 가: 오늘 시간 있으세요?　　　나: (네) 네, 있어요. |

1) 가: 콘서트에 가다　　　　　　　　　나: (네)

2) 가: 그 소설 책 재미있다　　　　　　나: (아뇨)

3) 가: 매일 머리를 감다　　　　　　　나: (네)

4) 가: 클래식을 잘 듣다　　　　　　　나: (네)

5) 가: 한국어가 어렵다　　　　　　　　나: (아뇨)

3 例にならって、となりの人と話してみましょう。♪23

> 例) 가: 할머니께서는 안경을 쓰셨어요?　나: (아뇨) 아뇨, 안 쓰셨어요.

1) 가: 할아버지께 전화드리다　　　나: (네)

2) 가: 어제 파티에 가다　　　　　나: (아뇨)

3) 가: 이 가게에서 휴대폰을 사다　나: (네)

4) 가: 오늘 아침 신문을 읽다　　　나: (네)

5) 가: 그 분 성함이 생각나다　　　나: (아뇨)

4 例にならって、となりの人と話してみましょう。♪24

> 例) 가: 카레 먹고 싶어요?　　　나: (만들다) 네, 만들어 주세요.

1) 가: 값이 비싸다　　　　　　　나: (깎다)

2) 가: 지금 덥다　　　　　　　　나: (에어킨을 켜다)

3) 가: 볼펜이 없다　　　　　　　나: (빌리다)

4) 가: 휴대폰이 고장났다　　　　나: (고치다)

5) 가: 사진을 보고싶다　　　　　나: (보이다)

5 となりの人に聞いてみましょう。♪25

1) 과일 좋아하세요?

2) 주말에는 보통 뭐 하세요?

3) 매일 한국어 수업이 있으세요?

4) 어디로 여행가고 싶으세요?

5) 어머니께 전화 자주 하십니까?

혼자 여행을 한 적이 없어요.

♪26 ✤ 基本文型

① 어제 만난 사람이에요.

② 초등학생 때 읽은 책이에요.

③ 길던 머리를 어제 잘랐어요.

④ 조금 전까지 여기에 있던 가방 못 봤어요?

⑤ 수업이 끝난 후에 친구에게 전화했습니다.

⑥ 점심 먹은 지 2 시간이 됐어요.

⑦ 음식을 많이 만든 것 같아요.

⑧ 이 드라마 재미있던 것 같아요.

⑨ 혼자 여행을 한 적이 없어요.

⑩ 저하고 같이 사진 찍은 적 있죠?

〔 学習内容 〕

1. 過去連体形
2. 過去連体形を用いた表現
   （～した後「-ㄴ / 은 후 / 뒤」）、（～してから「-ㄴ / 은 지」）
   （～たようだ / ～たと思う「-ㄴ / 은 것 같다」）
   （～したことがある / ない「-ㄴ / 은 적이 있다 / 없다」）
3. 終結語尾〈1〉（～でしょう、～ですよ、～(し)ましょう）「-지요 / 죠」

34

1 過去連体形

◆動詞：ㄴ / 은

～した～	語幹（パッチムがない）	＋ ㄴ
	語幹（ㄹパッチム）⇒（ㄹ脱落）＋ ㄴ	
	語幹（パッチムがある）	＋ 은

만나다（会う）　　만나 ＋ ㄴ　→　만난 사람

울다（泣く）　　　우 ＋ ㄴ　→　운 사람

웃다（笑う）　　　웃 ＋ 은　→　웃은 사람

 練習 1　過去連体形に直してみましょう。

1)　찾다（探す）　　　　　　　　2)　마시다（飲む）

3)　팔다（売る）　　　　　　　　4)　읽다（読む）

◆形容詞・指定詞・存在司：던

| ～していた～ | 語幹 ＋ 던 |

過去に続いていた状況や事実を回想する意味になります。

많다（多い）　　　많 ＋ 던　→　많던 여행객

이다（～である）　이 ＋ 던　→　울보이던 남동생

있다（ある）　　　있 ＋ 던　→　여기 있던 가방

※「던」は、動詞にもつくことができます。過去における動作の継続・反復を表します。
　［過去連体］　옛날에 본 드라마　　（昔見たドラマ）
　［回想］　　　옛날에 보던 드라마　（昔見ていたドラマ）

練習2　過去連体形に直してみましょう。

1)　작다（小さい）　　　　　　　2)　학생이다（学生だ）

3)　놀다（遊ぶ）　　　　　　　　4)　재미있다（面白い）

2 過去連体形を用いた表現

1

～した後	過去連体形 ＋ 후 / 뒤

時間的な前後関係を表します。

보다（見る）　본　＋ 후　→　본 후 / 뒤

먹다（食べる）　먹은 ＋ 후　→　먹은 후 / 뒤

걸다（掛ける）　건　＋ 후　→　건 후/ 뒤

2

～してから	過去連体形 ＋ 지

時間や期間の経過を表します。

오다（来る）　온　＋ 지　→　온 지

살다（住む）　산　＋ 지　→　산 지

읽다（読む）　읽은 ＋ 지　→　읽은 지

練習3 次の用言を「～した後」、「～してから」の表現に直してみましょう。

1) 가다（行く）＿＿＿＿＿＿／＿＿＿＿＿＿　　2) 배우다（学ぶ）＿＿＿＿＿＿／＿＿＿＿＿＿

3) 씻다（洗う）＿＿＿＿＿＿／＿＿＿＿＿＿　　4) 만들다（作る）＿＿＿＿＿＿／＿＿＿＿＿＿

3

～たようだ、～たと思う	過去連体形 ＋ 것 같다

過去の事柄に関する推測・推量を表します。

버리다（捨てる）　버린　＋ 것 같다　→　버린 것 같아요

밀다（押す）　　민　　＋ 것 같다　→　민 것 같아요

끊다（切る）　　끊은 ＋ 것 같다　→　끊은 것 같아요

練習4 次の用言を「～たようです、～たと思います」の表現に直してみましょう。

1) 받다（もらう）　　　　　　　　2) 고장나다（壊れる）

3) 놀다（遊ぶ）　　　　　　　　　4) 맛없다（おいしくない）

4 | 〜したことがある / ない | 過去連体形 ＋ **적이 있다 / 없다**

過去の経験の有無を表します。

보다（見る）　　본　＋ 적이 있다　→　본 적이 있어요

늦다（遅れる）　늦은 ＋ 적이 없다　→　늦은 적이 없어요

練習5　次の用言を「〜したことがあります / ありません」の表現に直してみましょう。

1) 밤새우다（徹夜する）　　　　　2) 끊다（切る / やめる）

3) 팔다（売る）　　　　　　　　　4) 부탁하다（頼む）

3 終結語尾〈1〉

| 〜でしょう、〜ですよ、〜(し)ましょう | 用言の語幹　＋　**지요 / 죠** |

同意、意志、勧誘、命令を表します。

① 確認や同意を表す表現　「〜でしょう？」　※ –죠 は –지요の縮約形です。

・이 가방 멋있지요?　　　　（このカバン、素敵でしょう?）

・이 노래 참 좋죠?　　　　　（この歌、とても良いですよね?）

② 話し手の意志を表す表現「〜するよ、〜しましょう」

・오늘 방 청소는 제가 하죠.　　（今日の部屋の掃除は私がやりましょう）

・점심 식사 값은 제가 내죠.　　（昼食代は私が出します）

③ 婉曲な命令や勧誘を表す表現

・끝났으니까 그만 가죠.　　　（終わったから、もう帰りましょう）

・시간이 없으니까 택시 타죠.　（時間がないからタクシーに乗りましょう）

練習6　「-지요」をつけて文を作り、日本語に訳してみましょう。

1) 시간이 없다（時間がない）　　2) 집에서 쉬다（家で休む）

3) 일찍 가다（早く行く）　　　　4) 더 기다리다（もっと待つ）

総合練習 1 過去連体形を用いて一つの文に直し、日本語に訳してみましょう。

1) 지난 주에 만나다 / 사람이 누구예요?

2) 다 읽다 / 책은 반납하세요.

3) 재미있다 / 드라마가 어제 끝났어요.

4) 할머니께 드리다 / 선물이 이거예요.

5) 손님이 많다 / 식당이에요.

総合練習 2 過去連体形を用いた表現「-ㄴ/은 후」か「-ㄴ/은 지」でつないで文を完成し、日本語に訳してみましょう。（文末は**해요体**にすること）

1) 손을 씻다 / 밥을 먹다

2) 한국어를 배우다 / 1 년이 되다

3) 식사하다 / 약을 드시다

4) 텔레비전을 보다 / 숙제를 하다

5) 그 가수 팬이 되다 / 3 년이 넘다

総合練習 3 過去連体形を用いた表現「-것 같다」の文にし、日本語に訳してみましょう。（文末は**해요体**にすること）

1) 수업이 일찍 끝나다

2) 약속 시간에 늦다

3) 어제 저녁에 출발하다

4) 추워서 감기에 걸리다

5) 시험이 어렵다

総合練習4 過去連体形を用いた表現「〜したことがあります/ありません」の文にし、日本語に訳してみましょう。（文末は**해요**体にすること）

1) 한국 아이돌을 만나다

2) 후지산에 올라가다

3) K-pop 을 듣다

4) 친구한테 거짓말 하다

5) 약속을 안 지키다

総合練習5 韓国語は日本語に、日本語は韓国語に訳してみましょう。

1) 손을 먼저 씻은 후에 드세요.

2) 우리가 만난 지 1 년이 넘었지요?

3) 조금 전에 이야기한 사람이 누구죠?

4) 어제 눈이 많이 내린 것 같아요.

5) 유학갈 계획을 세운 적이 있어요.

6) 食事をした後に宿題をしました。

7) 韓国に来てから1年になりました。

8) これが昨日話をしていた映画ですよね。

9) お菓子をたくさん作ったようです。

10) 韓国語で感想文を書いたことがあります。

♪27 **1** となりの人と会話してみましょう。

신지: 친구가 졸업한 후에 한국으로 유학 갔어요.

미키: 어학원으로 갔어요?

신지: 네, 대학교에 있는 어학원으로 들어간 것 같아요.

미키: 유학 간 지 얼마나 됐어요?

신지: 1년 정도 된 것 같아요.

미키: 신지 씨는 한국에 가 본 적이 있어요?

신지: 네, 대학생 때 여행으로 가 본 적 있어요.
미키 씨는요?

미키: 저는 아직 못 가 봤어요.

신지: 한 번 가 보고 싶죠?

미키: 물론이죠. 꼭 한 번 가 보고 싶어요.

♪28 **2** 例にならって、となりの人と話してみましょう。

例) 가: 누구한테서 받은 선물이에요?	나: (친구) 친구한테서 받은 선물이에요.

1) 가: 누가 부른 노래예요?　　　　　　　나: (한국 가수)

2) 가: 누구하고 찍은 사진이에요?　　　　나: (언니 /누나)

3) 가: 누가 만든 요리예요?　　　　　　　나: (저)

4) 가: 누가 쓴 책이에요?　　　　　　　　나: (무라카미 하루키)

5) 가: 언제 산 가방이에요?　　　　　　　나: (어제)

3 例にならって、となりの人と話してみましょう。♪29

> 例) 가: 언제 공부할 거예요?　　　나: (청소하다/ 후)청소한 후에 할 거예요.

1) 가: 숙제는 언제 해요?　　　　　나: (저녁 먹다 /후)

2) 가: 아르바이트는 언제 가요?　　나: (수업이 끝나다 /후)

3) 가: 한국어 배운 지 얼마나 됐어요?　나: (1 년)

4) 가: 점심 먹은 지 몇 시간 됐어요?　나: (2 시간)

5) 가: 친구 안 만난 지 얼마나 됐어요?　나: (한 달)

4 例にならって、となりの人と話してみましょう。♪30

> 例) 가: 모두 어디 갔어요?　　　　나: (식당)식당에 간 것 같아요.

1) 가: 이 노래 누가 불렀어요?　　나: (한국 가수)

2) 가: 이거 어디서 샀어요?　　　나: (편의점)

3) 가: 바겐세일 끝났어요?　　　　나: (아뇨)

4) 가: 비 왔어요?　　　　　　　나: (아뇨)

5) 가: 어제 휴강이었어요?　　　나: (네)

5 過去の経験の有無を表す表現「**적이 있다 / 없다**（～したことがある/ない）」を使って、例のように　♪31
となりの人に5つの質問をしてみましょう。

> 例) 가: 해외 여행 가 본 적 있어요?　　나: 네, 가 본 적 있어요.

1)

2)

3)

4)

5)

第6課 아직 한글을 잘 읽을 줄 몰라요.

♪32 ✦ 基本文型

① 수업 중에 휴대폰 하면 안 돼요.

② 약을 먹으면 괜찮을 거예요.

③ 드라마를 보면서 밥을 먹어요.

④ 음악을 들으면서 숙제해요.

⑤ 몸에 나쁘니까 담배를 끊으세요.

⑥ 게임을 많이 하면 눈에 안 좋으니까 조금만 하세요.

⑦ 오늘은 시간이 없어서 갈 수가 없어요.

⑧ 김치는 너무 매워서 먹을 수 없어요.

⑨ 아직 한글을 잘 읽을 줄 몰라요.

⑩ 혼자 찾아갈 줄 알잖아요.

学習内容

1. 接続語尾〈3〉　（〜れば・〜なら・〜たら「-면 / 으면」）、
　　　　　　　　（〜ながら・〜ながらも「-면서 / 으면서」）、
　　　　　　　　（〜するから・〜だから「-니까 / 으니까」）

2. 未来連体形を用いた表現Ⅲ
　　　　　　　　（〜することができる・〜できない「-ㄹ / 을 수 있다 / 없다」）
　　　　　　　　（〜するすべを知っている・知らない「-ㄹ / 을 줄 알다 / 모르다」）

3. 終結語尾〈2〉　（〜じゃないですか「-잖아요」）

1 接続語尾〈3〉（-으系）

1

～れば、～なら、 ～たら	母音語幹（パッチムがない） ＋ **면**
	ㄹ語幹（ㄹパッチム）⇒（ㄹ脱落）＋ **면**
	子音語幹（パッチムがある） ＋ **으면**

仮定や前提条件を表します。

오다（来る） → 오면 비가 오면 안 가요.

만들다（作る） → 만들면 제가 만들면 맛없어요.

입다（着る） → 입으면 이 옷을 입으면 따뜻해요.

練習1 用言に語尾 **-면/으면** をつけてみましょう。

1) 읽다（読む）　　　　　　2) 늘다（伸びる）

3) 타다（乗る）　　　　　　4) 배우다（習う）

2

～ながら、 ～ながらも	母音語幹（パッチムがない） ＋ **면서**
	ㄹ語幹（ㄹパッチム）⇒（ㄹ脱落）＋ **면서**
	子音語幹（パッチムがある） ＋ **으면서**

2つ以上の動作・状態が同時に存在することを表します。

마시다（飲む） → 마시면서 커피를 마시면서 음악을 들어요.

울다（泣く） → 울면서 동생이 울면서 전화했어요.

싸다（安い） → 싸면서 물건이 싸면서 좋아요.

練習2 用言に語尾 **-면서/으면서** をつけてみましょう。

1) 보다（見る）　　　　　　2) 운전하다（運転する）

3) 놀다（遊ぶ）　　　　　　4) 씻다（洗う）

3

～するから、 ～だから	語幹（パッチムがない）　　　　　　+ 니까
	語幹（ㄹパッチム）⇒（ㄹ脱落）　+ 니까
	語幹（パッチムがある）　　　　　　+ 으니까

理由や原因を述べるときに使用しますが、主に話し言葉で用いられます。

後節に主に命令・勧誘・義務を伴います。

오다 (来る)　　　오 ＋ 니까　　→　비가 오니까 나가지 마세요.

길다 (長い)　　　기 ＋ 니까　　→　머리가 기니까 자르세요.

먹다 (食べる)　　먹 ＋ 으니까　→　같은 음식을 매일 먹으니까 질려요.

※理由を表す表現「-기 때문에」や「-아서/어서」は、後節に勧誘形や命令形を用いることはできません。

※〔過去〕用言語幹 ＋ 았/었 으니까

어제는 냉면을 먹었으니까 오늘은 비빔밥으로 하죠.

練習3　-니까 / 으니까をつけてみましょう。

1)　쉬다 (休む)

2)　없다 (ない / いない)

3)　살다 (住む)

4)　덥다 (暑い)

2　未来連体形を用いた表現Ⅲ

1

～することが できる / できない	語幹（パッチムがない）　　　　　　+ ㄹ 수 있다 / 없다
	語幹（ㄹパッチム）⇒（ㄹ脱落）+ ㄹ 수 있다 / 없다
	語幹（パッチムがある）　　　　　　+ 을 수 있다 / 없다

可能・不可能の意を表します。

하다 (する)　　→　할 수 있다　　내일까지 할 수 있어요.

열다 (開ける)　→　열 수 있다　　이 창문 열 수 없어요?

씻다 (洗う)　　→　씻을 수 있다　여기서 손을 씻을 수 있어요?

練習4　「-ㄹ/을 수 있어요 / 없어요」をつけてみましょう。

1)　만나다 (会う)

2)　참다 (我慢する)

3)　팔다 (売る)

4)　믿다 (信じる)

2

～するすべを 知っている / 知らない	語幹（パッチムがない）　　　　+ ㄹ 줄 알다 / 모르다
	語幹(ㄹパッチム)⇒(ㄹ脱落)+ ㄹ 줄 알다 / 모르다
	語幹（パッチムがある）　　　+ 을 줄 알다 / 모르다

能力・方法・可能の有無の意を表します。

쓰다 (使う)　　　　→ 쓸 줄 알다　　이 기계를 쓸 줄 알아요.

걸다 (掛ける)　　　→ 걸 줄 알다　　한국으로 전화 걸 줄 알아요?

찾다 (探す、調べる) → 찾을 줄 알다　한국어 사전을 찾을 줄 알아요.

練習5　「-ㄹ/을 줄 알아요/몰라요」をつけてみましょう。

1)　피아노를 치다 (ピアノを弾く)　　　　2)　한글을 읽다 (ハングルを読む)

3)　잡채를 만들다 (チャプチェを作る)　　4)　수영하다 (水泳する / 泳ぐ)

3 終結語尾〈2〉

| ～じゃないですか | 語幹 + 잖아요 |

強調したり、同意をうながしたりするときに使う表現で、日常会話でよく使います。
「-지 않아요」の縮約形です。
〔過去〕用言語幹 + 았 / 었 잖아요

맛없다 (おいしくない)　→ 맛없잖아요.　　맛없었잖아요.

멀다 (遠い)　　　　　　→ 멀잖아요.　　　멀었잖아요.

많다 (多い)　　　　　　→ 많잖아요.　　　많았잖아요.

練習6　「-잖아요、-았/었 잖아요」をつけてみましょう。

1)　자다 (寝る)　　　　　　　　2)　있다 (ある / いる)

3)　놀다 (遊ぶ)　　　　　　　　4)　유명하다 (有名だ)

総合練習 ✏️

総合練習 1 「-면/으면」を用いて一つの文に直し、日本語に訳してみましょう。（文末は**해요体**にすること）

1) 말다툼(을) 하다 / 안 되다

2) 게임을 하다 / 항상 지다

3) 여름이 되다 / 바다에 가다

4) 오늘 시간이 없다 / 내일 해도 괜찮다

5) 덥다 / 창문을 열다

総合練習 2 「-면서/으면서」を用いて一つの文に直し、日本語に訳してみましょう。（文末は**해요体**にすること）

1) 과자를 먹다 / 영화를 보다

2) 텔레비전을 보다 / 숙제를 하다

3) 콧물이 나다 / 기침을 하다

4) 옷이 가볍다 / 따뜻하다

5) 음악을 듣다 / 청소하다

総合練習 3 「-니까/으니까」を用いて一つの文に直し、日本語に訳してみましょう。

1) 휴일이에요 / 집에서 쉬세요.

2) 안경이 없어요 / 잘 안 보여요.

3) 시험이 있어요 / 공부하세요.

4) 더워요 / 에어컨을 틀어 주세요.

5) 내일은 시간이 없다 / 다음에 만나요.

総合練習4 「-ㄹ/을 수 있어요/없어요」を用いて一つの文に直し、日本語に訳してみましょう。

1) 지금 만나러 가다

2) 오늘 같이 게임하다

3) 여기서 음식을 먹다

4) 빨리 달리다

5) 음악을 무료로 듣다

総合練習5 「-ㄹ/을 줄 알다/모르다」の文にし、日本語に訳してみましょう。（文末は해요体にすること）

1) 자기 소개를 한국어로 하다

2) 자전거를 타다

3) ATM 에서 돈을 찾다

4) 이 창문을 열다

5) 사진을 찍다

総合練習6 韓国語は日本語に、日本語は韓国語に訳してみましょう。

1) 목이 아파서 소리를 낼 수 없어요.

2) 노래는 유튜브로 찾아서 들을 수 있잖아요.

3) 그 배우를 모르는 사람은 없죠?

4) 약속은 항상 잘 지키잖아요.

5) 오후에 비가 올 수도 있으니까 우산을 가지고 나가세요.

6) 授業中に携帯を使ったらだめじゃないですか。

7) 甥っ子と絵本を見ながら遊んでいます。

8) 明日は時間がないので会うことができません。

9) 韓国語は少しできますが、英語はできません。

10) 自転車に乗れない人はいないでしょう。

♪33 **1** となりの人と会話してみましょう。

민수: 나미 씨, 지금 뭐 하고 있어요?

나미: 음악 들으면서 숙제하고 있어요.
민수 씨는 지금 어디예요?

민수: 지금 동아리 친구들하고 우리 집에서 과자 먹으면서
게임하고 있으니까 나미 씨도 여기로 오세요.

나미: 숙제 해야 하니까 갈 수 없어요.
그리고 전 게임도 할 줄 몰라요.

민수: 숙제는 저녁에 해도 되잖아요.

나미: 미안해요. 친구들하고 즐거운 시간 보내세요.

민수: 그래요. 알았어요. 그럼 다음에 봐요.

♪34 **2** 例にならって、となりの人と話してみましょう。

例) 가: 미술관에서 사진 찍어도 돼요?   나: (아뇨) 아뇨, 미술관에서 사진 찍으면 안 돼요.

1) 가: 여기서 담배 피워도 돼요?   나: (아뇨)

2) 가: 수업 시간에 뭐 먹어도 돼요?   나: (아뇨)

3) 가: 여기에 앉아도 돼요?   나: (네)

4) 가: 창문 열어도 돼요?   나: (아뇨)

5) 가: 에어컨 꺼도 돼요?   나: (네)

3 例にならって、となりの人と話してみましょう。♪35

> 例) 가: 지금 뭐 해요?　나: (영화 보다/ 저녁 먹다) 영화 보면서 저녁 먹고 있어요.

1) 가: 지금 뭐 해요?　　　　　　　　나: (과자 먹다 / 공부하다)

2) 가: 지금 뭐 해요?　　　　　　　　나: (드라마를 보다 / 숙제하다)

3) 가: 지금 뭐 해요?　　　　　　　　나: (친구하고 이야기하다 / 걷다)

4) 가: 지금 뭐 해요?　　　　　　　　나: (음악을 듣다 / 요가를 하다)

5) 가: 지금 뭐 해요?　　　　　　　　나: (노래 하다 / 춤추다)

4 例にならって、となりの人と話してみましょう。♪36

> 例) 가: 내일 산에 갈까요?　　　나: (바쁘다/ 다음) 내일은 바쁘니까 다음에 가죠.

1) 가: 점심에 비빔밥 먹을까요?　　나: (어제 먹다 /다른 거 먹다)

2) 가: 가게에 손님이 없어요?　　　나: (비가 오다 /손님이 없다)

3) 가: 술 마셔도 돼요?　　　　　　나: (미성년자이다 /안 되다)

4) 가: 이거 왜 안 먹어요?　　　　　나: (맛이 없다 /안 먹다)

5) 가: 창문 열 까요?　　　　　　　나: (춥다 /닫다)

5 例にならって、となりの人と話してみましょう。♪37

> 例) 가: 지금 여기 올 수 있어요?　　나: (아뇨) 아뇨, 갈 수 없어요.

1) 가: 내일까지 리포트 쓸 수 있어요?　　나: (네)

2) 가: 책 빌릴 수 있어요?　　　　　　　나: (아뇨)

3) 가: 이번에는 운전면허 딸 수 있어요?　나: (네)

4) 가: 오늘 비행기 예약할 수 있어요?　　나: (아뇨)

5) 가: 저 좀 도와줄 수 있어요?　　　　　나: (네)

6 となりの人に質問してみましょう。♪38

1) 운전할 줄 알아요?

2) 한글 읽을 줄 알아요?

3) 피아노 칠 줄 알아요?

4) 만들 줄 아는 요리 있어요?

5) 휘파람 불 줄 알아요?

너무 걱정하지 마세요.

✤ 基本文型

1. 너무 걱정하지 마세요.

2. 절대 약속을 잊지 마세요.

3. 오늘 저녁은 안 먹을래요.

4. 내일 같이 케이크를 만들래요?

5. 주말에 콘서트에 갈 지도 모릅니다.

6. 이 옷은 작을 지도 몰라요.

7. 한국말은 공부하면 공부할수록 재미있어요.

8. 사람이 많을수록 좋아요.

9. 날씨가 좋은데 드라이브 갈래요?

10. 요리는 맛있었는데 좀 비쌌어요.

学習内容

1. 丁寧な禁止命令 （～しないでください「-지 마세요」）
2. 終結語尾〈3〉 （～しますよ、～します(か)「-ㄹ / 을래요」）
3. 接続語尾〈4〉 （～するかも / ～したかも「-ㄹ / 을지도」）
（～ほど、～するほど「-ㄹ / 을수록」）
（～だが、～のに「는데 / ㄴ데 / 은데」）

文法と解説 ✏

1 丁寧な禁止命令

～しないでください	語幹 ＋ 지 마세요

※動詞の語幹に「지 마세요」がついて、禁止命令の表現になります。

가다（行く）　　가 ＋ 지 마세요　→　가지 마세요.

열다（開ける）　　열 ＋ 지 마세요　→　열지 마세요.

닫다（閉める）　　닫 ＋ 지 마세요　→　닫지 마세요.

練習 1 丁寧な禁止命令の形に活用させなさい。

1) 싸우다（喧嘩する）　　　　　2) 떠들다（騒ぐ）

3) 먹다（食べる）　　　　　　　4) 말하다（言う）

2 終結語尾〈3〉

～しますよ、 ～します（か）	語幹（パッチムがない）　　　　　　　　 ＋ ㄹ래요
	語幹（ㄹパッチム）⇒（ㄹ脱落）　　＋ ㄹ래요
	語幹（パッチムがある）　　　　　　　　 ＋ 을래요

動詞の語幹につけて、話し手の意志を表したり、聞き手の意志を問う表現になります。
語幹にパッチムがあるかないかで作り方が変わります。

보다（見る）　　보 ＋ ㄹ래요　　→　볼래요 / 볼래요?

놀다（遊ぶ）　　노 ＋ ㄹ래요　　→　놀래요 / 놀래요?

읽다（読む）　　읽 ＋ 을래요　　→　읽을래요 / 읽을래요?

練習 2 「-ㄹ/을래요」をつけてみましょう。

1) 사다（買う）　　　　　　　　2) 찾다（探す）

3) 만들다（作る）　　　　　　　4) 듣다（聞く）

3 接続語尾〈4〉

1

～するかも、 ～したかも	語幹（パッチムがない）	＋	ㄹ지도
	語幹（ㄹパッチム）⇒（ㄹ脱落）	＋	ㄹ지도
	語幹（パッチムがある）	＋	을지도

不確実な推測を表現するときに用います。

－ㄹ / 을지도 모르다（～かもしれない）の形で用いられます。

오다（来る）　　　오　＋　ㄹ지도　→　올지도 몰라요

멀다（遠い）　　　머　＋　ㄹ지도　→　멀지도 몰라요

많다（多い）　　　많　＋　을지도　→　많을지도 몰라요

（練習3）「～かもしれません」の表現に直してみましょう。

1) 비싸다（高い）　　　　　　2) 재미없다（面白くない）

3) 울다（泣く）　　　　　　　4) 춥다（寒い）

2

～ほど、～するほど	語幹（パッチムがない）	＋	ㄹ수록
	語幹（ㄹパッチム）⇒（ㄹ脱落）	＋	ㄹ수록
	語幹（パッチムがある）	＋	을수록

物事が何度も重なることで、徐々に変化する様子を説明するときに用いられます。

연습하다（練習する）　연습하　＋　ㄹ수록　→　연습할수록

팔다（売る）　　　　　파　　　＋　ㄹ수록　→　팔수록

적다（少ない）　　　　적　　　＋　을수록　→　적을수록

普通、－면 / 으면　－ㄹ / 을수록（～すれば、～するほど）という形で用いられます。

연습하면 연습할수록　　팔면 팔수록　　적으면 적을수록

（練習4）「～すれば、～するほど」の表現に直してみましょう。

1) 바쁘다（忙しい）　　　　　2) 참다（我慢する）

3) 알다（知る）　　　　　　　4) 넓다（広い）

動詞・存在詞

3

	語幹（パッチムがない）	+ 는데
～だが、～のに	語幹（ㄹパッチム）⇒（ㄹ脱落）	+ 는데
	語幹（パッチムがある）	+ 는데

前提条件や前置き表現するときに用います。語幹に「는데」を付けます。
ただし、パッチムが「ㄹ」の場合（ㄹ語幹）は、「ㄹ」を取って、「는데」を付けます。

가다 (行く)　　가　＋ 는데　→　가는데

놀다 (遊ぶ)　　노　＋ 는데　→　노는데

멋있다 (素敵だ)　멋있 ＋ 는데　→　멋있는데

練習5 「-는데」を付けてみましょう。

1)　쓰다 (書く)　　　　　2)　울다 (泣く)

3)　좋아하다 (好きだ)　　4)　맛없다 (おいしくない)

形容詞・指定詞

4

	語幹（パッチムがない）	+ ㄴ데
～だが、～のに	語幹（ㄹパッチム）⇒（ㄹ脱落）	+ ㄴ데
	語幹（パッチムがある）	+ 은데

語幹にパッチムがあるかないかで作り方が変わります。

이다 (～だ)　　이　＋ ㄴ데　→　학생인데　　학생이었는데

멀다 (遠い)　　머　＋ ㄴ데　→　먼데　　　　멀었는데

좋다 (良い)　　좋　＋ 은데　→　좋은데　　　좋았는데

【過去形】は、品詞を問わず、었 / 았＋는데になります。

놀다 (遊ぶ) → 놀았는네　　　　많다 (多い) → 많았는데
맛있다 (美味しい) → 맛있었는데

練習6 「-ㄴ/은데」を付けてみましょう。

1)　나쁘다 (悪い)　　　　2)　멀다 (遠い)

3)　팬이다 (ファンだ)　　4)　맵다 (辛い)

53

総合練習 1 丁寧な禁止命令「-지 마세요」の文に直し、日本語に訳してみましょう。

1) 우산을 잊어버리다

2) 교실에서 큰 소리로 떠들다

3) 너무 신경쓰다

4) 수업 시간에 늦다

5) 여기에서 담배를 피우다

総合練習 2 「-ㄹ/을래요」の文に直し、日本語に訳してみましょう。

1) 미술관에 그림을 보러 가다

2) 오늘은 피곤해서 집에서 쉬다

3) 김밥을 같이 만들다

4) 손을 씻고 밥을 먹다

5) 조용한 노래 듣다

総合練習 3 「-ㄹ/을지도 몰라요」の表現にしてみましょう。

1) 오후에 비가 오다

2) 다음 주부터 아르바이트를 시작하다

3) 영화가 슬퍼서 울다

4) 바빠서 못 오다

5) 이야기를 듣고 친구가 화내다

総合練習4 二つの文を「-면/으면 -ㄹ/을수록」を用いて一つの文に直し、日本語に訳してみましょう。（文末は**해요体**にすること）

1) 사람이 많다 / 좋다

2) 시험날이 다가오다 / 불안해지다

3) 이 책은 읽다 / 재미있다

4) 나이를 먹다 / 기억력이 없어지다

5) 저 악기 소리 듣다 / 슬퍼지다

総合練習5 韓国語は日本語に、日本語は韓国語に訳してみましょう。

1) 영화를 보러 가는데 같이 갈래요?

2) 친할수록 예의를 지켜야 해요.

3) 어제 지진이 났는데 피해는 없었어요?

4) 미안한데 볼펜 좀 빌려 줄래요?

5) 요즘 날씨가 추우니까 감기 조심하세요.

6) 夜、雨が降るかもしれません。

7) 運転するときは携帯を使わないでください。

8) 明日は家で遊びます。

9) 今日試験があるのに勉強していません。

10) 部屋は広いほどいいです。

♪40 **1** となりの人と会話してみましょう。

> **민수:** 이번 주말에 산에 가는데 같이 갈래요?
>
> **나미:** 가고 싶은데 동아리 모임에 갈지도 몰라요.
>
> **민수:** 그럼 다음 주말은 갈 수 있어요?
>
> **나미:** 일요일에 운전 면허 시험이 있어요.
>
> **민수:** 아, 그럼 다음에 가요.
>
> **나미:** 일요일에 저녁에는 시간이 날지도 몰라요.
>
> **민수:** 괜찮아요. 무리하지 마세요. 다음에 가면 돼요.
> 그런데, 운전 힘들죠?
>
> **나미:** 아뇨. 운전하면 할 수록 너무 재미있어요.
>
> **민수:** 그래요? 그럼 운전 면허 시험 잘 보세요.
>
> **나미:** 네, 고마워요.

♪41 **2** 例にならって、となりの人と話してみましょう。

例) 가: 여기 앉아도 돼요?　　　　　나: 여기 앉지 마세요.

1) 가: 내일 전화해도 돼요?　　　　　　나:

2) 가: 가방 여기에 놓아도 돼요?　　　　나:

3) 가: 여기서 놀아도 돼요?　　　　　　나:

4) 가: 교실에서 음악 들어도 돼요?　　　나:

5) 가: 창문 열어도 돼요?　　　　　　　나:

3 例にならって、となりの人と話してみましょう。♪42

例) 가: 슈퍼 같이 갈래요?　　　　나: (네) 네, 같이 갈래요.

1) 가: 커피 마실래요?　　　　　나: (아뇨)

2) 가: 이 책 읽을래요?　　　　　나: (네)

3) 가: 연습 언제 할래요?　　　　나: (내일)

4) 가: 지금 쇼핑 갈래요?　　　　나: (아뇨)

5) 가: 사진 찍을래요?　　　　　나: (네)

4 例にならって、となりの人と話してみましょう。♪43

例) 가: 내일 생일 파티 있는데 오죠?　나: 못 갈지도 몰라요.

1) 가: 이 신발 사이즈 좀 클까요?　　　나:

2) 가: 오늘 저녁 모임에 가죠?　　　　나:

3) 가: 저 분이 한국 분이죠?　　　　　나:

4) 가: 내일도 바쁘죠?　　　　　　　나:

5) 가: 티켓을 아직 예약할 수 있을까요?　나:

5 ☐ の中の表現を使って、となりの人と会話文を作ってみましょう。

「-지 마세요」 「-ㄹ / 을래요」 「-ㄹ / 을지도 몰라요」 「-ㄴ데 / 는데 / 은데」

가: _____

나: _____

가: _____

나: _____

가: _____

나: _____

▶単語集（韓国語 ― 日本語）

【ㄱ】

-가 　～が
-가 아니다 　～ではない
-가 아니에요(？) 　～ではあり
　　ません／～ではありませんか
-가 아닙니까？
　　～ではありませんか
-가 아닙니다
　　～ではありません
가게 　店、～屋
가깝다 　近い
가끔 　時々
가다 　行く
가르치다 　教える
가방 　カバン
가볍다 　軽い
가사 　歌詞
가수 　歌手
가슴 　胸
가을 　秋
가지다 　持つ
가족 　家族
각자 　各自
간단하다 　簡単だ
간장 　醤油
간호사 　看護師
갈다 　替える、取り替える
갈비 　カルビ
갈아입다 　着替える
감기 　風邪
감기(에) 걸리다／
　　감기(가) 들다 　風邪を引く
감다 　(髪を) 洗う

감동적 　感動的
갑자기 　急に、突然
값 　値段
강 　川
같다 　同じだ
같이 　一緒に
개 　～個
개 　犬
개월 　～ヵ月
거 　もの、こと
거기 　そこ
거긴 　そこは
-거든 　～なんだよ
거의 　ほとんど
거절하다 　断る
거짓말 　嘘
걱정하다 　心配する
건 　～ものは
건강 　健康
건강히 　健康に、丈夫に
건물 　建物
걷다 　歩く
걸다 　掛ける
걸리다 　掛かる、(風邪を)引く、
　　(時間が)かかる
걸어가다 　歩いていく
걸어오다 　歩いてくる
걸어서 　歩いて
것 　こと、もの、の
것 같다 　～ようだ、～と思う
게 　～ものが、～ことが
-게 되다 　～するようになる
게임 　ゲーム

겨울 　冬
결과 　結果
결혼 　結婚
결혼식 　結婚式
경제 　経済
경치 　景色
경험 　経験
계산 　支払い
계속하다 　継続する、続く
계시다 　いらっしゃる
계절 　季節
계획 　計画
-고 　～して、～て、～で
고기 　肉、魚
고등 학교 　高等学校
고등학생 　高校生
고르다 　選ぶ、選択する
고맙다 　有り難い
-고 싶다 　～したい
고양이 　猫
고장나다 　故障する
고치다 　直す
고프다 　空腹だ、(腹が)空く、
　　へる
고향 　故郷
곧 　直ぐ、直ぐに、直ちに
곰 　クマ(熊)
곳 　ところ、場所
공 　ゼロ
공기 　空気
공무원 　公務員
공부 　勉強
공부하다 　勉強する

공원 公園

공항 空港

과 ～と

과일 果物

과자 お菓子

관심 関心

괜찮다 構わない、よい、大丈夫だ

교과서 教科書

교수 教授

교실 教室

교통 交通

구 九

구경 見物、観覧

구두 靴

구월 九月

국 汁、汁物

국제 国際

굽다 焼く

궁금하다 気になる

권 冊

귀 耳

귀걸이 イヤリング

귀엽다 可愛い

귀찮다 面倒だ、煩わしい

귤 みかん

그 その

그거 それ

그건 それは

그것 それ

그게 それが、それは

그냥 そのまま、ただ

그녀 彼女

그래서 それで

그래요 そうです／そうですか、

わかりました

그러나 しかし

그러다 そうする

그러면 それでは、それなら、
すると

그런 そのような

그런데 ところで

그럼 それでは、それなら、
すると

그렇게 そのように

그렇다 そうだ、そのようだ

그렇지만 けれども

그리고 そして

그리고나서 その後

그리다 描く

그림 絵

그만 それくらいに

그만두다 やめる、やめにする、
中止する

그만하다 終わりにする、やめる

그저께 一昨日

그제 一昨日(그저께の縮約形)

극장 映画館・劇場

근데 ところで(그런데の縮約形)

근처 近所、近く

글쎄 さあ

글씨 字、文字

글자 文字

금년 今年

금방 直ぐ、直ぐに、直ちに、
たった今、今すぐ

금연 禁煙

금요일 金曜日

금주 今週

급하다 急だ、せっかちだ

기다리다 待つ

-기 때문에 ～ので

기르다 伸ばす、飼う

기분 気分

기뻐하다 喜ぶ

기쁘다 嬉しい

기억력 記憶力

기온 気温

기운 力、元気、体力

기차 汽車

기침(을) 하다 咳をする

기타 ギター

기회 機会

긴장하다 緊張する

길 道、道路

길다 長い

김밥 海苔巻き

김치 キムチ

【ㄲ】

-까지 ～まで

까맣다 真っ黒い

깎다 (物を) 削る、切る (値段を) まける、値切る、
(수염 (ひげ) を) 剃る、
(머리 (髪) を) 刈る

깜박하다 うっかりする

깜빡 うっかり(깜박の強勢語)

깜작하다 瞬く(눈 깜작할
사이: あっという間に)

깨끗하다 奇麗だ、清潔だ

깨끗이 綺麗に

깨닫다 悟る

깨우다 覚ます、起こす

-께 (＝에게の敬語) ～に

-께서 　(=이/가の敬語)〜が

-께서는 　(=은/는の敬語)〜は

꼭 　必ず、きっと

꽃 　花

꽃구경 　花見

꽤 　かなり、随分

꾸다 　(夢を)見る

꿈 　夢

끄다 　消す

끈 　ひも

끊다 　切る

끊다 　(タバコを)やめる

끊어지다 　切れる

끓이다 　煮る、沸かす、(ラーメ
　　ンを)つくる

끝나다 　終わる

【ㄴ】

-ㄴ데 　〜だが

나 　私

-나 　〜でも

-나 　〜か

나가다 　出る、出て行く

나누다 　分ける

나다 　(時間が)空く、都合がつ
　　く、(地震が)起こる、発生
　　する、(汗を)かく

나라 　国

나무 　木

나쁘다 　悪い

나오다 　出て来る

나이 　年齢

나중 　のち

날 　日

날씨 　天気

날씬하다 　すらりとしている

남기다 　残す

남다 　残る

남대문 　(地名)南大門

남동생 　弟

남자 　男、男子

낮 　昼

낮잠 　昼寝

낮잠(을) 자다 　昼寝をする

내 　僕の、わたしの

내가 　僕が、わたくしが

내년 　来年

내다 　出す、(時間を)作る

내리다 　降りる、(雨、雪などが)
　　降る

내일 　明日

냄비 　なべ

냄새 　匂い

냉면 　冷麺

냉장고 　冷蔵庫

너 　お前、君

너무 　あまり

너무(=너무나) 　とても、あま
　　りにも

넓다 　広い

넘다 　超える

넣다 　入れる

네 　はい

네 　よっつの

-네요 　〜ですね、〜ますね

넥타이 　ネクタイ

넷 　四つ

년 　年

노래 　歌

노래방 　カラオケボックス

노력하다 　努力する

노트 　ノート

녹음 　録音

논문 　論文

놀다 　遊ぶ

놀이 　遊び

높다 　高い

놓다 　置く

누가 　誰が

누구 　誰

누나 　(弟から見た)姉

누르다 　押す

눈 　目

눈 　雪

뉴스 　ニュース

느리다 　遅い

-는 　〜は

-는데 　〜だが

늘다 　伸びる、増える

늦다 　遅い、遅れる

늦잠 　寝坊

늦잠(을) 자다 　寝坊する

-니까 　〜するから、〜なので

님 　〜様

【ㄷ】

다 　すべて、全部

-다가 　〜する途中で、〜しか
　　けて

다가오다 　近づく

다니다 　通う、通勤する、通学
　　する、勤める

다르다 　異なる、違う

다리 　脚、橋

-다면서 　〜だそうだね、〜し

たって

다섯 五つ

다시 もう一度、また

다음 次

다음달 次の月、来月

다음에 次に

다음주 来週

다이어트 ダイエット

다치다 怪我をする

닦다 磨く、拭く

단어 単語

닫다 閉める

달 月

달다 甘い

달리다 走る

닭 鶏

닭갈비 タッカルビ(鶏肉と野菜を唐辛子の味噌で炒めたもの)

닮다 似る

담그다 (キムチを)漬ける

담배 タバコ

답장 返書、返信

대 ～台

대 大

대답하다 返事する、答える

대신 代わって、代わりに

대학 大学

대학교 大学校

대학생 大学生

대학원 大学院

대회 大会

댁 お宅

더 もっと、もう

더럽다 汚い

덥다 暑い

데(=곳) 所

데이트 デート

-도 ～も

도구 道具

도서관 図書館

도시락 弁当

도와주다 手伝う、助けてやる

도장 はんこ

도착하다 到着する

독서 読書

독신 独身

돈 お金

돌아가다 帰る

돌아오다 帰ってくる、戻ってくる

돕다 助ける、手伝う

동생 弟、妹

동아리 仲間、サークル

동안 (時間的) 間、期間

-되다 ～なる

된장 みそ

된장국 みそ汁

두 ふたつの

두고 오다 置いてくる(집에～: 家に忘れてくる)

두다 置く

두부 豆腐

둘 二つ

뒤 後ろ、後

드라마 ドラマ

드라이브 ドライブ

드리다 差し上げる

드시다 召し上がる

듣다 聞く、聴く、伺う

-들 ～たち、ら、ども

들다 入る、(お金が) かかる、(手に)持つ、取る、(例を)挙げる、(風邪を)引く

들르다 立ち寄る

들리다 聞こえる

들어가다 入る、入っていく

들어오다 入る、入って来る

등 など

등산 登山

디자인 デザイン

디지털 카메라 デジタルカメラ

【ㄸ】

따다 (資格や点数などを)取る

따뜻하다 暖かい

따로따로 別々に

딸 娘

땀 汗

딸기 イチゴ

때 時

때문 ～ (の)ため、～のせいで

때문에 ～(の)ために、～のせいで

떠나다 離れる、発つ

떠들다 騒ぐ

떡 餅

떡국 トック(日本の雑煮に当たる食べ物、米で作った楕円形の餅を、雉肉や牛肉を煮込んだスープに入れて作る)

떨어지다 落ちる

또 また

뚱뚱하다 ぶくぶくに太っている

뜨겁다 熱い

【ㄹ】

-ㄹ 것 같다　～しそうだ、～ようだ

-ㄹ 것이다　～するだろう、～はずだ

-ㄹ까요　～しましょうか、～でしょうか

-ㄹ래요　～しますよ、～します

-ㄹ 수록　～するほど

-ㄹ 줄 알다　～できる

-ㄹ지도　～するかも

-려다가　～しようとしたが

-라고　～と

-라고 하다　～と言う

-라고 합니다　～と言います

라디오　ラジオ

라면　ラーメン

-라서　～なので

-러　～しに、～に

-려고　～しようと

-로　(道具、材料、原因)～で、(方向)へ

-를　～を

리포트　レポート

【ㅁ】

-마다　～毎に、～度に

마당　庭

마라톤　マラソン

마르다　(喉が)渇く、乾く

마리　羽、匹

마시다　飲む

마음　心

마음대로　思う通りに、勝手に

마음에 들다　気に入る

마중　出迎え

마중(나)가다　迎えに行く

마중(나)오다　迎えに来る

마찬가지　同じこと、同様

마흔　四十

막히다　詰まる、塞がる

만　万

-만　～だけ、のみ、ばかり

만나다　会う

만들다　作る

많다　多い

많이　たくさん、多く

말　ことば

말고　～でなく

말다　中断する、止める

말다툼　口げんか

말씀　お話、お言葉

말씀하다　おっしゃる

말하다　言う、話す

맑다　晴れている、清い

맛　味

맛없다　不味い

맛있다　美味しい

맞다　当たる

맞다　合う、一致する

맞은 편　向かい側

맡기다　任せる、預ける

매일　毎日

매주　毎週

맥주　ビール

맵다　辛い

머리　頭

먹다　食べる、(年を)取る

먼저　先に、まず

멀다　遠い

멋(이) 있다　素敵だ

메시지　メッセージ

메일　メール

메뉴　メニュー

며칠　何日

-면　～たら、～なら、～ば

-면 되다　～すればよい

-면서　～ながら

면접　面接

면허　免許

명　名

명랑하다　明るい

명절　伝統祭日、祝日

몇　何～、幾つ

몇월　何月

모두　みな、すべて

모레　あさって

모르다　知らない

모시다　(目上の人を)ご案内する、お供する、(目上の人に)仕える

모으다　集める

모이다　集まる

모임　集まり

모자　帽子

모자라다　足りない

목　首、喉

목(이) 마르다　喉が渇く

목소리　声

목요일　木曜日

목욕(을) 하다　風呂に入る、入浴する

몸　体

몸무게　体重

몸조리　健康管理

못- （不可能の副詞）～できない

무겁다　重い

무라카미 하루키
　　（固有名詞）村上春樹

무료　無料

무릎　膝

무리　無理

무사히　無事に

무섭다　怖い

무슨　何の

무엇　何

묵다　泊まる

문　門、ドア

문자　文字

문제　問題

문화　文化

묻다　問う、尋ねる、聞く、伺う

묻다　付く、くっつく

물　水

물건　品物

물론　もちろん

물어보다　尋ねてみる

뭐　何

뭘　何を

미국　アメリカ

미리　あらかじめ、前もって

미성년자　未成年者

미술관　美術館

미안하다　すまない

미용실　美容室

믿다　信じる

밀다　押す

밀리다　（仕事などが）たまる、
　　（車が）渋滞する

밑　下

【ㅂ】

-ㅂ시다　～しましょう

바겐세일　バーゲンセール

바꾸다　変える、交換する

바뀌다　変わる

바다　海

바람　風

바로　すぐ

바쁘다　忙しい

바자회　バザー

바지　ズボン

밖　外

밖에　（＝뿐）しか

반　半

반　学級、クラス

반갑다　嬉しい、懐かしい

반납하다　返す

반대로　反対に

반드시　必ず

반지　指輪

반찬　おかず

받다　受け取る、受ける、もら
　　う、（電話に）出る

발　足

발음　発音

발전하다　発展する

밤　夜

밤(을) 새우다　夜を明かす、
　　徹夜する

밥　ご飯

방　部屋

방금　今、たったいま

방법　方法

방학　（学校の）休暇、休み
　　（여름～：夏休み、겨울～：

　　冬休み）

배　腹

배(가)고프다　空腹だ

배(가)부르다　腹いっぱいだ

배우　俳優

배우다　習う、学ぶ

백　百

백화점　百貨店

버리다　捨てる

버스　バス

번　～番／回

번째　～回目

번호　番号

벌써　すでに

벗다　脱ぐ

벚꽃　桜の花

변하다　変わる

별로　あまり、別に

별명　別名、ニックネーム

병　～本／瓶

병　病、病気

병원　病院

보내다　送る、出す

보다　見る

-보다　～より

보이다　見える、見せる

보통　通常、普通

복권　宝くじ

복잡하다　複雑だ、混雑して
　　いる

볼 만하다　見る値打ちがある、
　　見ごたえがある

볼일　用事

볼펜　ボールペン

봄　春

뵙다 お目にかかる

부럽다 うらやましい

부르다 (腹が)いっぱいだ、
　　（歌を）歌う、呼ぶ

부모 両親

부모님 ご両親

부엌 台所

부치다 送る

부탁 依頼、頼み

부탁하다 頼む

-부터 ～から

분 (사람의 尊敬語)方

분 ～分

분위기 雰囲気

불 火

불고기 焼肉

불규칙 不規則

불다 吹く

불안하다 不安だ

불안해지다 不安になる、心
　　細くなる

붓다 注ぐ (そそぐ)

붙다 付く、合格する

비 雨

비 費、費用

비누 石鹸

비디오 ビデオ

비빔밥 ビビンバ

비슷하다 似ている

비싸다 高い

비용 費用

비행기 飛行機

빌려 주다 貸してくれる、貸し
　　てやる、貸す

빌리다 借りる

-ㅂ니까 ～ですか

-ㅂ니다 ～です

【ㅃ】

빨다 洗う、選択する

빠르다 速い、早い

빨갛다 赤い

빨래 洗濯

빨리 速く、早く

빵 パン

빼다 (살을 ～)落とす、抜く

뽑다 抜く

【ㅅ】

사 四

사고 事故

사과 りんご

사교적 社交的

사귀다 付き合う

사다 買う

사람 人

사랑하다 愛する

사 먹다 外食する、買って食
　　べる

사실 事実

사이 間、仲

사이즈 サイズ

사장 社長

사전 辞典

사진 写真

사촌 いとこ

사회 社会

산 山

산책하다 散策する

살 ～歳

살 (骨や皮に対する)肉

살다 住む、暮らす、生きる

삼 三

삼월 三月

상담하다 相談する

상의하다 相談する

상쾌하다 さわやかだ、爽快だ

새 新しい

새로 新たに、再び

새우다 (夜を)明かす、徹夜する

새해 新年

색 色

색깔 色、色彩

샌드위치 サンドイッチ

생각 思い、考え

생각나다 浮かぶ、思い出せる

생각하다 考える、思う

생기다 生じる、手に入る、
　　（用事・友達が）できる

생선 魚

생일 誕生日

생크림 生クリーム

생활 生活

샤워 シャワー

서다 止まる

서두르다 急ぐ

서로 お互いに

서른 三十

서울 (地名)ソウル

서점 書店

서클 サークル

선 線

선물 贈り物、土産

선배 先輩

선생님 先生

설명하다　説明する

설탕　砂糖

성격　性格

성함　名前(이름の敬語)

세　みっつの

세다　強い

세다　数える

세상　世の中

세수　洗面

세수하다　洗顔する、顔を洗う

-세요　～なさいます(か)、
　　　～でいらっしゃいます(か)

-세요　お～ください

세우다　立てる

세일　セール

센터　センター

셋　三つ

소　牛

소개　紹介

소개하다　紹介する

소금　塩

소리　話す声、音

소문　うわさ

소설　小説

소식　頼り

소주　焼酎

소포　小包

속　中、内

손　手

손님　お客さん

솜씨　手並み、手際

쇼핑　ショッピング

수박　スイカ

수업　授業

수영　水泳

수요일　水曜日

숙제(를)하다　宿題をする

술　酒

쉬다　休む

쉰　五十

쉽다　易しい、簡単だ

슈퍼마켓　スーパーマーケット

스물　二十

스무　20 の

스시　寿司

스웨터　セーター

스키　スキー

스트레스　ストレス

스파게티　スパゲッティ

스포츠　スポーツ

슬퍼지다　悲しくなる

슬프다　悲しい

-습니까　～ですか

-습니다　～です

시　時

시간　時間

시계　時計

시골　田舎

시끄럽다　うるさい、やかましい

시내　市内

시디　CD

시월　十月

시작되다　始まる

시작하다　始める

시장　市場

시키다　させる、命じる、(食
　　　堂などで)注文する

시합　試合

시험　試験

식　式、やり方

식당　食堂

식사　食事

식욕　食欲

식히다　冷やす

신경　神経

신경(을) 쓰다　気を使う、気
　　　にかける

신다　(靴、靴下などを)履く

신문　新聞

신발　靴

신촌　(地名)新村

싣다　積む、載せる

실　糸

실수　失敗

실수하다　失敗する

실연하다　失恋する

싫다　嫌だ、嫌いだ

싫어하다　嫌がる、嫌いだ

심심하다　退屈だ

십　十

십이월　十二月

십일월　十一月

싱겁다　水っぽい、(味が)薄い

【ㅆ】

싸다　安い

싸다　包む、(弁当などを)
　　　こしらえる

싸우다　喧嘩をする、戦う、争う

쌓이다　積もる、たまる

쏟다　注ぐ、こぼす

쐬다　(風に)当たる

쓰다　書く、使う、(帽子を) 被
　　　る、(メガネを)掛ける

-씨　～さん

-씩 ずつ、当て

씹다 噛む

씻다 洗う

【ㅇ】

아, あ、

-아 ～て

-아 놓다 ～ておく

-아 버리다 ～てしまう

-아 보다 ～てみる

-아 주다 ～てやる、～てくれる

아 (驚いたり、あわてたりした
　　ときに出す声) あ、あっ、ああ

아까 さっき、先ほど

아끼다 節約する、大事にする

아뇨 いいえ

아니다 (指定詞)～でない

아니라서 ～ではないので

아니어서 ～ではないので

아니에요 違います、とんでも
　　ないです

아니요 いいえ

-아도 ～ても

-아도 되다 ～てもよい

아들 息子

아래 下

아르바이트 アルバイト

아마 多分、おそらく

아무거나 (아무 것이나の縮
　　約形) 何でも

아무것도 何にも

아무데도 どこにも

아무도 誰も

아무리 どんなに、いくら

아버지 お父さん

아버님 お父様

-아서 ～して、～くて、～ので

-아야 되다 ～ねばならない

-아야 하다 ～ねばならない

아이 子供

아이돌 アイドル

아이스크림 アイスクリーム

아저씨 おじさん

아주 とても、非常に

-아 주세요 ～てください

아줌마 おばさん(=아주머니)

-아지다 ～くなる、～られる

아직 まだ

아직도 (아직の強調) まだ、
　　いまだに

아침 朝、朝食

아침밥 朝食

아파트 アパート、マンション

아프다 痛い

아홉 九つ

아흔 九十

악기 楽器

안 中

안- (否定副詞)～ない

안경 メガネ

안내하다 案内する

안녕하다 元気だ

안녕하세요? こんにちは、おは
　　ようございます、こんばんは

앉다 座る

알겠습니다 わかりました

알다 知る

알리다 知らせる

알아듣다 理解する、聞き取る

알아보다 調べる、探る

알았어요 わかりました

-았으면 좋겠어요 ～たらと思
　　います

앞 前

앞으로 これから

애인 恋人

야구 野球

야채 野菜

약 薬

약국 薬局

약속 約束

약하다 弱い

양말 靴下

얕다 (表面などが) 浅い、低い

어? 軽い驚き、おっ、あっ、
　　あれ

어기다 守らない、破る

-어 ～て

-어 놓다 ～ておく

-어 버리다 ～てしまう

-어 보다 ～てみる

-어 주다 ～てやる、～てくれる

어깨 肩

어느 どの

어둡다 暗い

-어도 ～ても

-어도 되다 ～てもよい

어디 どこ

어디서 どこで

어때요 どうですか

어떠하다 どうだ、どんなふうだ

어떤 どのような

어떻게 どのように、どうやって

어떻다 (어떠하다の縮約形)
　　どのようだ

어렵다　難しい

어른　大人、目上の人

어리다　幼い

어머　（女性が驚いて出す声）
　　あら、まあ、あらまあ

어머니　お母さん

어머님　お母様

–어서　〜して、〜くて、〜ので

어서오세요　いらっしゃいませ

–어야 되다　〜ねばならない

–어야 하다　〜ねばならない

어울리다　似合う、交わる

어저께　昨日

어제　昨日(어저께の縮約形)

–어 주다　〜してやる、〜して
　　くれる

–어 주세요　〜てください

–어지다　〜くなる、〜られる

어학원　語学学校

언니　（妹から見た）姉

언제　いつ

언제나　いつも

얼굴　顔

얼마　いくら

얼마나　どれくらい

엄마　ママ、おかあちゃん

없다　いない、ない

없습니까　ありませんか

없습니다　ありません

없어요　ありません / ありませ
　　んか

없어지다　無くなる、消える

–에　（場所、時間）〜に

–에　（値段）〜で

–에게　（動物）〜に

–에게서　（人、動物）〜から

–에서　（場所）〜で

–에서　（場所）〜から

에어컨　エアコン

여기　ここ

여기서　ここで

여기저기　あちこち

여긴　ここは

여덟　八つ

여동생　妹

여든　八十

여러　多くの

여러 가지　いろいろな

여러분　皆さん、皆様

여름　夏

여름방학　夏休み

여보세요　もしもし

여섯　六つ

여유　余裕

여자　女、女子

여쭈다　申し上げる

여행　旅行

역　駅

연구실　研究室

연극　演劇

연기　煙

연락하다　連絡する

연세　（「年齢」の敬語）お年

연습　練習

연습하다　練習する

연필　鉛筆

연휴　連休

열　十

열다　開ける

열심히　熱心に、一生懸命に

영　ゼロ

영국　イギリス

영어　英語

영화　映画

옆　横、隣、そば

예　はい

예　例

예쁘다　綺麗だ、可愛い

예순　六十

예약　予約

예약하다　予約する

–예요　〜です / ですか

예의　礼儀

예정　予定

옛날　昔

오　五

오늘　今日

오다　来る

오래　長く、久しく

오래간만(＝오랜만)　久しぶり

오래되다　長く経つ、古い、久
　　しい

오렌지　オレンジ

오르다　上る、登る

오른쪽　右側

오빠　（妹から見た）兄

오월　五月

오이　きゅうり

오전　午前

오토바이　オートバイ

오후　午後

올라가나　上がる、上がってい
　　く、（山などに）登る

올해　今年、この年

옮기다　移す

옷　服	유원지　遊園地	-읍시다　〜しましょう
-와　〜と	유월　六月	응　うん、なあ、ねえ(同年輩
왜　何故、どうして	유트브　YouTube	や目下の人に答えるときや、
왜요?　何故ですか	유학　留学	答えを求める声)
외모　外見	유학생　留学生	-의　〜の
외우다　覚える、暗記する	육　六	의논하다　相談する、話し合う
왼쪽　左側	-으니까　〜するから、〜なので	의사　医者
요가　ヨガ	-으러　〜しに、〜に	의자　椅子
요금　料金	-으려고　〜しようと	이　この
요리　料理	-으려다가　〜しようとしたが	-이　〜が
요일　曜日	으로　(道具、材料)〜で、	이　二
요즘　最近	(方向)へ	이　歯
욕심　欲	-으면　〜たら、〜なら、〜ば	이거　これ
용돈　小遣い	-으면 되다　〜すればよい	이건　これは
우동　うどん	-으면서　〜ながら	이걸　これを(이것을の縮約形)
우리(들)　我々、私たち	-으세요　〜なさいます(か)、	이것　これ
우산　傘	〜でいらっしゃいます(か)	이게　これが、これは
우울하다　憂鬱だ	-으세요　お〜ください	이기다　勝つ
우유　牛乳	-은　〜は	-이나　〜でも
우체국　郵便局	-은데　〜だが	-이나　〜か
우표　切手	은행　銀行	이다　(指定詞)〜だ、〜である
운동　運動	은행원　銀行員	이따가　のちほど、後で
운동화　運動靴	-을　〜を	-이라고 합니다　〜といいます
운전　運転	-을 것 같다　〜しそうだ、	-이라서　〜なので
울다　泣く、鳴く	〜ようだ	이런　こんな
움직이다　動く	-을 것이다　〜するだろう、	이루다　果たす、成す
웃다　笑う	〜はずだ	이루어지다　実現される
원　ウォン(韓国貨幣単位)	-을까요　〜しましょうか、	이르다　早い
원인　原因	〜でしょうか	이름　名前
월　月	-을래요　〜しますよ、〜します	이번　今度、今回
월급　月給	-을수록　〜するほど	이번 주　今週
월요일　月曜日	-을 줄 알다　〜できる	이사　引越し
위　上	-을지도　〜するかも	이사(를) 가다　引っ越す
-위해서　(를/을-)〜のために	음식　食べ物	이사하다　引っ越す
유명하다　有名だ	음악　音楽	이상　以上

-이 아니다　～ではない

-이 아니에요　～ではありませ
　　ん／～ではありませんか

-이 아닙니까　～ではありませ
　　んか

-이 아닙니다　～ではありませ
　　ん

이야기　話、物語

-이어서　～なので

-이에요　～です／ですか

이용하다　利用する

이유　理由

이월　二月

이제　もう

이제는　もう

이젠　もう(이제는の縮約形)

이쪽　こちら

이해하다　理解する

익숙하다　慣れている

인기　人気

인분　～人前

인사　挨拶

인형　人形

일　一

일　～日

일　仕事、こと

일곱　七つ

일기　日記

일본　日本

일본말　日本の言葉(日本語)

일본사람　日本人

일본어　日本語

일본인　日本人

일어나다　起きる

일요일　日曜日

일월　一月

일주일　一週間

일찍　早く

일하다　働く

일흔　七十

읽다　読む

잃다　失う

잃어버리다　なくす、失う

입　口

-입니까　～ですか

-입니다　～です

입다　着る

입력하다　入力する

입원하다　入院する

잇다　結ぶ、繋ぐ

있다　いる／ある

있습니까?　ありますか

있습니다　あります

있어요　あります／ありますか

잊다　忘れる

잊어버리다　全部忘れる、す
　　っかり忘れてしまう

【ㅈ】

-자　～しよう

자기　自己、自分

자다　寝る

자동차　自動車

자료　資料

자르다　切る

자리　席

자세하다　詳しい

자신　自身、自分、自己

자장면　(＝짜장면)中国麺類
　　の一つ、ジャージャー麺

자전거　自転車

자주　しばしば、たびたび、よく

작년　昨年

작다　小さい、(背が) 低い

잔　杯

잔돈　小銭、つり銭

-잖아요?　～じゃないですか

잘　よく、上手に

잘못하다　しくじる、間違う、
　　誤る

잘생기다　顔かたちが整ってい
　　る、美人だ、ハンサムだ

잘하다　上手だ、うまくやる

잠　眠り

잠깐　暫く

잠시　しばらくの間

잠(을) 자다　眠る

잡다　取る、持つ、つかむ

잡수시다　召し上がる

잡지　雑誌

잡채　雑菜(色々な野菜と肉類
　　を混ぜて油でいためた料理
　　のひとつ)

장　～枚

재료　材料

재미없다　面白くない、つまら
　　ない

재미있다　面白い

저　わたくし

저　あの

저거　あれ

저건　あれは

저걸　あれを(저것을の縮約形)

저것　あれ

저게　あれが、あれは

저기　あそこ

저긴　あそこは

저녁　夕方、夕食

저런　あんな

저마다　各自、各々

저희　私ども

-적　(〜した)こと

적극적　積極的

적다　少ない

전　前

전철　地下鉄、電車

전철역　電車の駅

전화　電話

전화번호　電話番号

전혀　全然、まったく

절대　絶対

절약하다　節約する

젊다　若い

점　点

점수　点数

점심　昼食

점점　だんだん

젓가락　箸

정도　程度、位、程

정말　本当、本当に

정하다　決める、固める、決心する

정확하다　正確だ

제　わたくしの

제가　わたくしが

제일　最も、一番

조금　少し、ちょっと

조깅　ジョギング

조리　養生

조심하다　気をつける

조용하다　静かだ

조용히　静かに

조카　甥、姪

졸다　居眠する

졸리다　眠い、眠たい

졸업　卒業

졸업식　卒業式

졸업하다　卒業する

좀　少し、ちょっと

좀더　もう少し

좁다　狭い

종이　紙

좋다　良い

좋아하다　〜好きだ、好む

죄송하다　申し訳ない

주　週

주다　与える、あげる、くれる

주로　主に

주말　週末

주무시다　お休みになる

주문하다　注文する

주사　注射

주사(를) 맞다　注射を打ってもらう、受ける

주세요　ください

주소　住所

주스　ジュース

주인　主人、主 (집〜：家の主、持ち主)

주일　週、〜週間

준비　準備

줄넘기　縄飛び

줄다　減る

줄이다　(音を)小さくする、減らす

중　中

중국　中国

중국 사람　中国人

중국어　中国語

중요하다　重要だ、大切だ

중학교　中学校

중학생　中学生

즐거워지다　楽しくなる

즐겁다　楽しい

지각　遅刻

지각하다　遅刻する

지갑　財布

지금　今

지나다　過ぎる、通る

지난달　先月

지난 번　この間、前回

지난 주　先週

지내다　暮らす、過ごす

지다　負ける

-지도 모르다　〜かもしれない

-지 마세요　〜しないでください

-지만　〜だが

-지 말고　〜せずに

-지 못하다　〜できない

-지 않다　〜しない

-지요　〜でしょう

지우다　消す

지진　地震

지키다　守る

지하철　地下鉄

직장　職場

직접　直接

진달래　つつじ

진짜　本物、本当

질리다　飽きる

짐　荷物

집　家

집다　つかむ

【ㅉ】

짜다　塩辛い

짧다　短い

찌개　チゲ(鍋料理の名前)

찌다　太る

찍다　(写真を) 撮る

쯤　頃、ぐらい、程

【ㅊ】

차　車、お茶

차례　茶礼(陰暦の元旦や秋夕
　　　などに行う先祖供養の祭祀)

참　本当、とても

참　そういえば、あっ、あ、そ
　　　うだ(まったく忘れていたこと
　　　を突然思い出したときに出す
　　　語)

참가하다　参加する

참다　こらえる、我慢する

창문　窓

찾다　探す、(預金など)おろす、
　　　引き出す、(預けていたもの
　　　を)受け取る

찾아가다　訪問する、訪ねてい
　　　く、尋ねる

찾아보다　探してみる

찾아오다　訪ねてくる

찾아뵙다　お訪ねする

채팅　チャット

책　本

책방　本屋、書店

책상　机

책임　責任

처럼　~のように

처음　はじめ

천　千

천천히　ゆっくり

첫번째/첫째　一番目、第一

청소　掃除

청소기　掃除機

초대　招待

초등학교　小学校

초등학생　小学生

초콜릿　チョコレート

최고　最高

최근　最近

축구　サッカー

축제　祝祭、祭り

출발　出発

출발하다　出発する

출장　出張

춤(을) 추다　踊る

춥다　寒い

충전기　充電器

취미　趣味

취소하다　取り消す

취직　就職

취하다　(酒に) 酔う

층　~階

치다　打つ、たたく(ピアノ・
　　　ギターなどを) 弾く、(テニス
　　　を)する

치마　スカート

치즈　チーズ

친구　友達

친척　親戚

친하다　親しい

칠　七

칠월　七月

【ㅋ】

카드　カード

카레　カレー

카페　カフェー

커피　コーヒー

커피숍　喫茶店、コーヒーショ
　　　ップ

컴퓨터　コンピュータ

컵　カップ・コップ

케이크　ケーキ

케이팝　K-pop

켜다　(スイッチなどを)つける

코　鼻

코미디　コメディ

코트　コート

콘서트　コンサート

콜라　コーラ

콧물　鼻水

크다　大きい、(背が) 高い

클래식　クラシック

키　背

【ㅌ】

타다　乗る

태어나다　生まれる

태우다　乗せる

태풍　台風

택시　タクシー

테니스　テニス

텔레비전　テレビ

토요일　土曜日

통통하다 ぶくぶくしている
통하다 通じる
통화 通話
퇴근 退勤、退社
특별하다 特別だ
특히 特に
틀다 （ラジオ、クーラー）をつ
　　ける
틀리다 違う、間違える
티셔츠 Tシャツ
티켓 チケット

【ㅍ】

파랗다 青い
파마 パーマ
파티 パーティー
팔 八
팔 腕
팔다 売る
팔리다 売れる
팔월 八月
팩스 ファックス
팬 ファン
페이지 ページ
펴다 開く
편리하다 便利だ
편의점 コンビニエンスストア
편지 手紙
편하다 楽だ、便利だ
평일 平日
표 票、券、切符
피곤하다 疲れている
피다 （花が）咲く、開く
피시 パソコン
피시방 インターネットカフェ

피아노 ピアノ
피우다 吸う
피자 ピザ
피해 被害
필요하다 必要だ、要る

【ㅎ】

-하고 ～と
하나 一つ
하늘 天、空
하다 する
하루 一日
하루종일 一日中
하숙 下宿
하숙집 下宿屋
학교 学校
학년 学年
학생 学生
학원 （私立教育機関)学院、塾、
　　講習所
한 ひとつの
한가하다 暇だ
한국 韓国
한국말 韓国の言葉(韓国語)
한국사람 韓国人
한국어 韓国語
한국인 韓国人
한글 ハングル
한달 1か月
한문 漢文、漢字
한번 一回、一度
한복 朝鮮民族固有の衣服
한숨 （一睡）
한자 漢字
한잔 一杯

-한테 （人、動物)～に
-한테서 （人、動物)～から
할머니 祖母
할아버지 祖父
함께 一緒に、共に
합격 合格
항상 常に、いつも
해 （하다の連用形)～して
해결되다 解決される
해결하다 解決する
핸드폰 携帯電話
헤매다 さまよう
헤어지다 別れる
형 （弟から見た）兄
형제 兄弟
호 ～号
호텔 ホテル
혹시 ひょっとしたら、もしも、
　　仮に
혼자 一人
혼자서 一人で
혼잡하다 混雑している
홍차 紅茶
화 怒り
화(가) 나다 腹が立つ
화(를) 내다 怒る、腹を立てる
화려하다 派手だ
화요일 火曜日
화장 化粧
화장실 お手洗い
확인(을)하다 確認する
회 刺身
회 回
회사 会社
회사원 会社員

회의　会議

후　後

후배　後輩

후지산　富士山

휴가　休暇、休み

휴강　休講

휴게실　休憩室

휴대전화　携帯電話

휴대폰　携帯電話

휴일　休日

흉내　真似

희다　白い

힘들다　大変だ

▶単語集（日本語 ― 韓国語）

【あ】

会う　만나다
赤ちゃん　아기
朝　아침
味　맛
明日　내일
あそこ　저기
遊ぶ　놀다
暑い　덥다
熱い　뜨겁다
集める　모으다
後　뒤、후
兄（弟から見た）　형
兄（妹から見た）　오빠
姉（弟から見た）　누나
姉（妹から見た）　언니
あの　저
あまり　별로
あまりに（も）　너무나（도）
雨　비
洗う　씻다
ある　있다
歩く　걷다
あれ　저것
言う　말하다
家　집
行く　가다
幾つ　몇、몇 살
いくら　얼마
いけない　안 되다
椅子　의자
忙しい　바쁘다
一　일

一度　한번
市場　시장
いつ　언제
一緒に　같이
五つ　다섯
犬　개
今　지금
嫌だ　싫다
いらっしゃる　계시다
いる　있다
要る　필요하다
入れる　넣다
色　색
伺う　（お宅へお〜）찾아뵙다
受け取る、受ける　받다
薄い　（味が）싱겁다、얇다
歌　노래
歌う　（歌を）부르다
移る　옮기다
撮る　찍다
嬉しい　기쁘다
運転　운전
映画　영화
英語　영어
駅　역
絵本　그림책
延期　연기
美味しい　맛있다
多い　많다
大きい　크다
お母さん　어머니
お菓子　과자
お金　돈

起きる　일어나다
送る　보내다
おじさん　아저씨
遅い　늦다
お父さん　아버지
お父様　아버님
弟　남동생
男　남자
お年　연세
お話　말씀
覚える　외우다
お目にかかる　뵙다
思う　생각하다
面白い　재미있다
お休みになる　주무시다
下ろす　（お金を）찾다
音楽　음악
女　여자

【か】

〜が　-가/-이
〜階　층
会社　회사
会社員　회사원
会話　회화
買う　사다
顔　얼굴
掛かる　（時間が、電話が）
　　걸리다
学生　학생
掛ける　걸다、（メガネ・帽子
　　を）쓰다
書く　쓰다

貸す　빌려주다

風邪にかかる　감기(에) 걸리다

風邪を引く　감기(가) 들다

方　분

～月　월

学校　학교

必ず　꼭

カバン　가방

構わない　괜찮다

我慢する　참다

～かもしれない　–(으)ㄹ 지도
　　모르다

～から　(非動物)에서、
　　(動物)에게서、한테서

～から　(場所) 에서、
　　(時・順序)부터

～から　(理由) –(으)니까、
　　–기 때문에

借りる　빌리다

変わる　바뀌다、변하다

韓国　한국

韓国語　한국어、한국말

漢字　한자

関する　관하다

感想文　감상문

聞く、聴く　듣다

聞こえる　들리다

気にかける　신경(을) 쓰다

昨日　어제

九　구

急に　갑자기

今日　오늘

教室　교실

去年　작년

着る　입다

銀行　은행

空港　공항

薬　약

ください　주세요

果物　과일

靴　구두

～くて　–고

～くて　–어서、–아서

～くなる　–아/어지다

くらい　정도、–쯤

来る　오다

車　차

携帯電話
　　휴대전화、휴대폰、핸드폰

結果　결과

結局　결국

喧嘩する　싸우다

健康　건강

五　오

子　아이

公園　공원

合格　합격

声　소리

コーヒー　커피

ここ　여기

九つ　아홉

故障する　고장나다

こと　것

～ことがある　–적이 있다

今年　올해, 금년

子供　아이、어린이

この　이

ご飯　밥

混む　붐비다

これ　이것

壊れる　고장나다

【さ】

最近　최근

最後　마지막

探す　찾다

魚　생선

先に　먼저

酒　술

さっき　아까

寒い　춥다

三　삼

～さん　–씨

四　사

時　시

字　글자、글씨

試合　시합

塩　소금

時間　시간

試験　시험

仕事　일

静かだ　조용하다

静かに　조용히

下　아래, 밑

親しい　친하다

七　칠

～して　–아서/어서

～してから　ㄴ/은 지

～しても　–아도/어도

～してもよい　–아도 되다/
　　어도 되다

CD　시디

辞典　사전

自転車　자전거

～しないでください

75

-지 마세요

品物　물건

〜しましょうか

　　　-을까요?, 을래요?

写真　사진

十　십

〜週間　주일

就職　취직

週末　주말

授業　수업

宿題　숙제

趣味　취미

上手だ　잘하다

食事　식사

女子　여자

女性　여자, 여성

ショッピング　쇼핑

知らない　모르다

調べる　(単語を)찾다

知り合う　알게 되다

知る　알다

心配　걱정

新聞　신문

ずいぶん　꽤

吸う　(タバコを)피우다

〜好きだ　좋아하다, 좋다

すぐ　바로, 곧

少し　조금, 좀

捨てる　버리다

全て　다, 모두

すまない　미안하다

する　하다

座る　앉다

性格　성격

生活　생활

席　자리

石鹸　비누

狭い　좁다

先週　지난 주

先生　선생님

先輩　선배

全部　다, 모두

〜そうだ　(으)ㄹ 것 같다

ソウル　서울

そこ　거기

卒業　졸업

その　그

祖父　할아버지

祖母　할머니

それ　그것

【た】

〜たい　-고 싶다

ダイエット　다이어트

大学　대학

大学院　대학원

大学校　대학교

体重　체중, 몸무게

〜だが　-지만

たくさん　많이

楽しい　즐겁다

〜たち　-들

建物　건물

頼む　부탁하다

タバコ　담배

多分　아마

食べる　먹다

ために　위해서, 때문에

〜たら　-(으)면

誰　누구

誰が　누가

誰も　아무도

単語　단어

誕生日　생일

男子　남자

男性　남자, 남성

だんだん　점점

近く　근처

地下鉄　지하철, 전철

父　아버지

昼食　점심

朝食　아침, 아침밥

使う　쓰다

疲れている　피곤하다

月　달

次、次に　다음

着く　도착하다

机　책상

作る　만들다

つもり　예정, 생각

〜て　-아/어

〜て　-고

〜て　-어서, 아서

〜で　(場所)에서

〜で　(手段)-로, 으로

〜であげる　-아/어 주다

程度　정도

出かける　나가다

〜できない　못〜

〜できない　-지 못하다

〜できる　(으)ㄹ 수 있 다

〜てください　-아/어 주세요

〜てくれる　-아/어 주다

〜てしまう　-아/어 버리다

〜でしょうか　-을까요

~です   -입니다, -예요,
　　　이에요
~ですか   -입니까, -예요,
　　　이에요
デパート   백화점
~ではありません
　　　-가/이 아닙니다
　　　-가/이 아니에요
~ではありませんか
　　　-가/이 아닙니까?
　　　-가/이 아니에요?
~ではない
　　　-가 아니다/-이 아니다
~てみる   -아/어 보다
~でも   -라도
~ても   -아도/-어도
~てもよい
　　　-아도/어도 되다
~てやる
　　　-아 주다/-어 주다
出る   (電話に)받다
テレビ   텔레비전
天気   날씨
電車   전철
電話   전화
~と   -과/-와/-하고
到着   도착하다
十   열
遠い   멀다
時   때
どこ   어디
どこにも   아무데도
~ところ   (し)ている~)중
図書館   도서관
とても   아주, 매우, 대단히

どの   어느
友達   친구
ドラマ   드라마
どんな   어떤
どんなに   아무리

【な】
~ながら   -(으)면서
ない   없다
~ない   안~、-지 않다
治る   낫다
中   안, 속
長い   길다
~なさい   -(으)세요
夏   여름
夏休み   여름방학
七   칠
七つ   일곱
何   무엇, 뭐
何を   뭘
名前   이름
~なら   -(으)면, -라면
習う   배우다
なる   되다
何   무엇
何~   몇
何月   몇 월
何歳   몇 살
何度も   몇 번이나
何も   아무것도
何の   무슨
二   이
~に   (人、動物) -에게, 한테
~に   (場所・時) -에
~ (し)に   -(으)러

似合う   어울리다
匂い   냄새
匂いがする   냄새가 나다
~になる、~くなる   -아지다
日本   일본
日本人   일본사람, 일본인
荷物   짐
似る   닮다, 비슷하다
人気   인기
値段   값, 가격
~ねばならない
　　　-어야/-아야 되다,
　　　-어야/-아야 하다
寝る   자다
~年   년
~の   것
~の   -의
~ので   -어서/아서
飲む   마시다, (薬を)먹다
乗る   타다

【は】
~は   -는/은
~ば   -(으)면
~はずだ   -(으)ㄹ 것이 다
初めて   처음
始める   시작하다
バス   버스
働く   일하다
八   팔
花   꽃
話   이야기
話をする   이야기하다
母   어머니
早い、速い   빠르다

77

早く 일찍, 빨리

腹 배

腹一杯だ 배(가) 부르다

パン 빵

番号 번호

日 날

飛行機 비행기

久しぶり 오래간만

ビデオ 비디오

人 사람

一つ 하나

一人 혼자

暇だ 한가하다

昼 낮

広い 넓다

増える 늘다, 늘어나다

服 옷

二つ 둘

冬 겨울

降る (雨·雪が)오다, 내리다

プレゼント 선물

～分 분

～へ (方向)-로/으로,
　(到達点)-에

部屋 방

減る 줄다

勉強 공부

便利だ 편하다

帽子 모자

僕 나

ほとんど 거의

本 책

【ま】

毎日 매일

前 전, 앞

まず 우선, 먼저

まずい 맛없다

まだ 아직

～まで -까지

学ぶ 배우다

守る 지키다

見える 보이다

道 길

三つ 셋

土産 선물

見る、観る 보다

みんな 모두

昔話 옛날이야기

難しい 어렵다

息子 아들

目 눈

メール 메일

メガネ 안경

飯 밥

召し上がる 드시다, 잡수시다

～も -도

もう 벌써

もう一度 다시, 다시한 번

もう少し 조금 더

もの 것, 거

もらう 받다

【や】

約束 약속

野菜 야채

～易い -기 쉽다

安い 싸다

休み 휴가, 휴일, 방학

休む 쉬다

八つ 여덟

やはり 역시

やめる 그만두다

郵便局 우체국

良い 좋다

用事 볼일

～ようだ 것 같다

～ようと -(으)려고

横 옆

よく 잘, 자주

四つ 넷

予定 예정

呼ぶ 부르다

読む 읽다

～より 보다

夜 밤

【ら】

来年 내년

料理 요리

利用 이용

旅行 여행

練習 연습

連絡する 연락하다

六 육

【わ】

分かる 알다

忘れる 잊다

わたくし 저

わたくしの 저의, 제

私 나

私が 제가

悪い 나쁘다

～を -를/을

ハングルのとびら2

| 検印
省略 | ⓒ 2024 年 1 月 30 日　第 1 版　発行
2024 年 9 月 20 日　第 2 刷　発行 |

著　者　　　　　　　　　　　盧　　載　玉

発行者　　　　　　　　　　小川　洋一郎
発行所　　　　　　　　株式会社 朝 日 出 版 社

〒 101-0065 東京都千代田区西神田 3-3-5
電話 (03) 3239-0271・72 (直通)
振替口座　東京　00140-2-46008
http://www.asahipress.com/
欧友社／信毎書籍